Thea

Magische Amulette
und Talismane

Unter Mitarbeit von Engelbrecht Lauenstein

LUDWIG

Inhalt

Mit Amuletten verzierte Beigabe in einem alt-ägyptischen Mädchengrab.

Die Schlange symbolisiert Weisheit und Erkenntnis.

Vorwort

Sie möchten erfahren, welcher Talisman, welches Amulett für Sie besonders geeignet ist? Sie möchten wissen, wie und warum ein Talisman Ihr Schicksal positiver beeinflussen kann und vielleicht auch noch, wie lange es dauert, bis seine Wirkung einsetzt?

In diesem Buch möchte ich Ihnen dies alles genau erklären. In meiner langjährigen Praxis habe ich sehr oft Talismane und Amulette für hilfesuchende Menschen ausgesucht, und die enorme Wirkkraft auf ihren jeweiligen Träger hat mich jedes Mal wieder fasziniert. Wenn ein Talisman richtig aufgeladen ist, wird er gewissenhaft seiner Aufgabe nachkommen, egal, ob es sich bei den Trägern um leichte oder schwierige Fälle handelt.

Für jedes Problem gibt es eine Auswahl verschiedener Amulette und Talismane: für den beruflichen und finanziellen Erfolg, für gesundheitliche Verbesserungen, für Schutz oder Glück in der Liebe. Entscheidend ist jedoch, dass Sie Ihrem Amulett oder Ihren Amuletten – auch eine Kombination mehrerer Amulette ist möglich – treu bleiben; sie lassen sich nicht wechseln wie die tägliche Kleidung, sollen sie Wirkung ausüben.

Amulette gibt es für alle möglichen Bedürfnisse. Wer mehr erwartet als ein schönes Schmuckstück, sollte mit Sorgfalt sein Amulett oder seinen Talisman auswählen und ihm treu bleiben. Dieses Buch will dabei helfen.

Persönliche Glücksbringer

Fast jeder Mensch hat, meist ohne es bewusst zu wissen, seine ganz persönlichen Glücksbringer, die für ihn mit einer besonderen Bedeutung und Energie ausgestattet sind. Zum Beispiel bewahrt man oft den ersten Schuh seines Kindes auf oder den ersten ausgefallenen Milchzahn. Auch die getrocknete Rose vom ersten Rendezvous, ein besonderer Anhänger an der Halskette und das Pfennigstück im Geldbeutel haben diese Funktion. Allgemein gelten auch Kleeblätter, Schweinchen und Marienkäfer als Glückssymbole.

Aber zwischen einem Glücksbringer und einem Talisman oder einem Amulett bestehen grundlegende Unterschiede: Ein Talisman besteht aus Symbolen, die seit Jahrtausenden aus allen Kulturkreisen überliefert wurden und dadurch einen hohen Erfahrungswert in sich bergen, er wird gezielt eingesetzt und dafür speziell mit kosmischer Energie und mit der Energie des Besitzers aufgeladen. Ab dem Zeitpunkt der Aufladung ist er sein Diener.

Uralte Tradition

Sie werden deshalb in diesem Buch auch viel über die uralte Tradition von Amuletten und Talismanen erfahren, eine Tradition, die bis weit in die vorgeschichtliche Zeit zurückreicht. Diese Tradition ist bis heute lebendig geblieben: in den auch heute noch gefertigten Talismanen und Amuletten. Die in diesem magischen Schmuckstücken wiederbelebte Symbolik überbrückt gleichsam die Jahrtausende, führt uns zurück an unsere vorgeschichtlichen Wurzeln. Die unterschiedlichsten Kulturen erweisen sich hier in ihrer Bildersprache, in ihrem magischen Denken und Tun als überraschend ähnlich. Nutzen Sie deshalb Amulette und Talismane für sich und Ihr Leben – die Kraft der Jahrtausende wird auf Sie übergehen!

Ihre Thea

Alle Kulturen kennen magische Gegenstände und Bilder aus vorgeschichtlicher Zeit, die bis heute lebendig geblieben sind. Dieses magische Erbe teilen alle Menschen, unabhängig von Kultur oder Rasse.

Ein Verkaufsstand mit Buddha-Amuletten in Thailand. Buddhadarstellungen sind auch bei uns als Amulette sehr beliebt.

5

Mensch und Magie

Zu allen Zeiten glaubte der Mensch an das Wirken überirdischer Kräfte. Dieser Glaube war während der gesamten kulturellen Entwicklung des Menschen vorhanden. Er ist jedoch zu verschiedenen Zeitpunkten mehr oder weniger stark ausgeprägt gewesen, bestimmte mal mehr, mal weniger sogar die Geschicke ganzer Völker, Staaten und Kulturen. Oberflächlich betrachtet ist dieser Glaube in unserer heutigen Zeit weitgehend verschwunden. Aber dies ist nur scheinbar so. Trotz aller wissenschaftlichen Aufgeklärtheit, trotz aller Technik und vermeintlichen Bestimmbarkeit unseres Lebens wissen wir, dass wir eben doch nicht alles »im Griff« haben, nicht alles wissenschaftlich erklären können.

Unwetter galten in vielen Kulturen als magische Ereignisse, zum Beispiel als Ausdruck zürnender Götter.

Magie im Alltag

Wir führen magische Handlungen wie das Tragen von Amuletten aus, um Krankheiten abzuwehren und unsere körpereigenen Kräfte zu stärken.

Der Glaube an das Wirken von Kräften, die nicht unserer Kontrolle unterliegen, begegnet uns heute in abgeschwächter Form, wenn wir einen Pfennig auf der Straße finden und ihn als Glückspfennig sorgsam aufbewahren, wenn wir an Sylvester Blei gießen und in den geworfenen Formen unser Schicksal oder unser Wesen zu erkennen suchen, wenn wir an einem klaren Nachthimmel eine Sternschnuppe erblicken und dabei an die Erfüllung eines Wunsches glauben, wenn wir an unser Auto oder an unser Haus ein nach oben geöffnetes Hufeisen anbringen, damit das Glück hineinfallen oder es uns vor Unfällen, vor Unwetter und Brand schützen möge.

Die Aufzählung derartiger Beispiele ließe sich weiter fortsetzen. Allen Beispielen ist eines gemeinsam: Jedesmal handeln wir magisch. Wir glauben – ob bewusst oder unbewusst – etwas Sinnvolles unternommen zu haben, damit uns das Glück hold und das Unglück fern bleibt. Wir glauben, etwas – eine Kraft, eine wirksame Bedeutung, ein Wesen, einen Sinn – »beschworen« zu haben, das sich unseren persönlichen Kräften und unserem Alltag entzieht, ihn aber gleichzeitig durchdringt und beeinflusst. Wissenschaftlich – also vernünftig und logisch – analysieren, erklären und begründen lassen sich diese Handlungen allerdings kaum.

Magie in Krisenzeiten

Vor allem in Situationen unseres Lebens, in denen es uns schlecht geht oder in denen wir völlig unerwartet Glück haben, in Krisen- und Stresszeiten sind wir bereitwilliger, magische Handlungen auszuführen. Wer kennt es nicht von sich, dass er am Abend vor einer wichtigen Prüfung einen nächtlichen Spaziergang macht, um seine inneren Kräfte zu sammeln, aber auch um vielleicht eine stille Rede an den Himmel zu richten oder ein kleines Erfolgsritual durchzuführen, damit die Prüfung nach Plan verlaufen und gelingen möge. Wenn wir von einem Menschen verlassen werden, der uns besonders stark am Herzen liegt, entdecken wir plötzlich in allen möglichen Situationen, Dingen oder Begebenheiten Hinweise und Zeichen dafür, wie es diesem geliebten Menschen geht, oder wie wir ihn zurückgewinnen können. Wenn wir einen Unfall hatten, bei dem wir gerade noch mit einem »blauen Auge« davongekommen sind: Wer hat sich nicht schon dabei ertappt, kurz »Danke« zu sagen an eine unsichtbare schützende Hand, die in jenem Augenblick möglicherweise Schlimmeres verhindert hat.

Der seelische Druck, dem wir in einer Notsituation ausgesetzt sind, wird durch den Glauben an das Wirken einer magischen Kraft gelindert; wir geraten nicht so leicht in Panik, und es gelingt uns besser, die Situation zu meistern.

In allen diesen unsere Seele belastenden Situationen tun wir jedenfalls nichts anderes als der Mensch früherer Zeiten. Er fand sich in weitaus stärkerem Maß als wir einer Umwelt gegenübergestellt, deren bedrohliche Kräfte er nicht beherrschen konnte, und die er deshalb mit Hilfe magischer Praktiken zu beeinflussen suchte.

Besonders in schwierigen Situationen bedienen sich die Menschen magischer Rituale wie etwa der Meditation, um ihre Furcht zu besiegen und einen günstigen Ausgang ihrer Probleme herbeizuführen.

Magie in früheren Zeiten

Die Schlange spielte im Denken der Ägypter eine wichtige Rolle. Eine Kobragöttin bewachte das Wachstum der Pflanzen. Die Uräus-Schlange erscheint als Schutz- und Herrscher-Symbol auf der Stirn der ägyptischen Könige.

Durch Funde in uralten Gräbern wissen wir, dass sich schon der Neandertaler magischen Handlungen hingab. Durch eine Kette von durchbohrten Wolfszähnen, die er sich um den Hals hängte, wusste er sich vor seinem ärgsten Rivalen und Feind geschützt. Er hatte das Gefährlichste des Wolfes – seine Zähne – gebannt und es sich an seine empfindlichste Körperstelle – seinen Hals – gehängt. Wie sollte ein Wolf ihm also noch etwas anhaben können!

Die alten Ägypter sahen in bestimmten Tieren – Käfer, Schlange, Falke, Kuh – geheiligte Wesen, die über besondere Kräfte verfügten. Diese Götter in Tierform verkörperten wie bei den meisten vorgeschichtlichen Völkern Naturkräfte, die der menschlichen Kontrolle entzogen waren: Sonne, Wind, Regen, das Steigen und Fallen des lebenswichtigen Nilwassers.

Die Ägypter bildeten diese Wesen aus verschiedenen Materialien nach, trugen sie als Amulette bei sich oder brachten sie an Häuser und Gegenstände an und versicherten sich so ihrer göttlichen Kräfte: Schutz vor Krankheit, Bewahrung der Ernte, Erhalt der Fruchtbarkeit.

Bald entwickelten sich bei den Ägyptern, den Griechen, den Kelten und den Germanen die Götter in Menschengestalt. Und nun waren sie es, die ihren Schutz oder ihren Zorn über den – oftmals leiderfüllten und angstvollen – Alltag der Menschen legten. Weniger durch Hufeisen oder vierblättrige Kleeblätter als vielmehr durch kunstvoll hergestellte Amulette und Talismane – aber in gleichem Glauben – bat der Mensch seine Götter um Hilfe oder versuchte, ihren vernichtenden Zorn zu besänftigen.

Später kamen Schriftzeichen hinzu, geometrische Figuren, planetarische Symbole, beschwörende Sinnsprüche aus heiligen Schriften. Der Entwicklung des menschlichen Denkens folgend, wurden die Hilfsmittel für die Anrufung überirdischer Kräfte abstrakter und komplizierter, waren weniger naturverbunden.

Die Gewissheit überirdischer Kräfte

Magie ist die Methode, die Sprache der Götter und Geister zu erlernen und sie auch für bestimmte Zwecke und mit der gezielten Absicht zu sprechen, dass die magische Rede gehört werde. Amulette und Talismane sind ein fester Bestandteil der magischen Sprache. Um sie jedoch wirkungsvoll einzusetzen, ist es wichtig, zunächst Herkunft, Vokabular und Grammatik dieser Sprache zu verstehen. Davon handelt das nächste Kapitel.

Immer fühlte der Mensch die Gewissheit in sich, daß sein tägliches Denken, Empfinden und Handeln nicht alles sein könne. Es muss machtvolle Wesen und Wirkkräfte geben, die außerhalb der sichtbaren, »normalen« Welt stehen, sie aber dennoch durchwirken. Unabhängig von seiner eigenen Entwicklung, von der Frühzeit bis heute, steht der Mensch vor dem Wunder des Lebens. Mag auch die heutige Wissenschaft eine Reihe von Rätseln erklärt, zumindest beschrieben haben, die Unerklärlichkeit der letzten Ursache und damit der Grund für die Faszination, die wir allen natürlichen Geschehnissen gegenüber immer noch erleben, bleibt im Verborgenen und bildet den Ursprung magischen Empfindens.

Wer wäre nicht immer wieder beeindruckt, wenn der alljährliche Frühling seine Blütenpracht über das Land wirft? Wer kennt wirklich die Kräfte, die bei der Entwicklung eines Kindes im Mutterleib die treibende Ursache sind? Wer hat nicht schon merkwürdige Zustände erfahren, wenn er bei Vollmond einen nächtlichen Naturspaziergang macht? Wer wäre nicht seltsam verunsichert, wenn er am klaren Nachthimmel beobachtet, wie ein hell scheinender Komet seine Bahn am Himmel zieht?

Aber nicht nur durch das Beobachten von rätselhaften Naturerscheinungen und Naturgewalten gewann der Mensch die Gewissheit der Wirkung überirdischer oder unsichtbarer Kräfte. Der Mensch fand diese Kräfte auch in sich selbst, in seinen Träumen, in außergewöhnlichen Zuständen wie Ekstase, Rausch oder Trance, in denen er Gefühle erlebte, die er nicht in sein normales Leben einordnen konnte.

Auch unserer modernen Wissenschaft bleibt vieles, was uns alltäglich umgibt, im Kern rätselhaft und unerklärlich. Nicht alles lässt sich auf ein paar einfache Gesetze reduzieren.

Was ist Magie?

Aus unserem Alltagsdenken mag der Begriff der Magie undefinierbar erscheinen. Mit der einfachen Übersetzung von Magie als »Zauber« oder »Zauberei« ist es nicht getan. Auch die Hexe oder den Magier nur als einen wundersamen Menschen zu sehen, der ungewöhnliche Handlungen ausführt, und dem wir mit Scheu und Ehrfurcht begegnen, kommt dem Wesen der Magie nicht näher.

Was aber ist das Wesen der Magie? Welche Kräfte sind in ihr wirksam? Welche inneren Ursprünge verleihen der Magie ihre Prägung? Was sind die Wurzeln magischen Handelns?

Um diese und weitere Fragen – zumindest annähernd – zu beantworten, lassen Sie uns kurz die »Eckpunkte« der Magie zusammenstellen. Dann wird es uns viel besser gelingen, das Wesen der Magie und damit auch das Wesen von Amuletten und Talismanen genauer zu verstehen.

Grabbeigaben – hier ein Schmuckkästchen aus dem Grab eines Mädchens, das vor mehr als 4000 Jahren in Ägypten gestorben ist – hatten immer auch magische Funktion.

Magie – so alt wie der Mensch

Mit Sicherheit können wir feststellen, daß die Magie so alt ist wie der Mensch selbst. Die ersten Zeugnisse menschlicher Magie sind beinahe 500 000 Jahre alt. Der Glaube an magische Praktiken lässt sich also in den ältesten kulturellen Entwicklungsstufen des Menschen nachweisen. Es spricht alles dafür, dass am Anfang jeder Auseinandersetzung mit der Natur magische Vorstellungen, Handlungen sowie der Drang des Menschen, sich die unsichtbaren Kräfte der Natur dienstbar zu machen, gestanden haben. Schon immer bis auf den heutigen Tag hat der Mensch all seine Sehnsüchte und Bedürfnisse, seine Existenzangst und seine Angst vor dem Tod auf unsichtbare, übersinnliche Kräfte übertragen. Ihre Anrufung und Beschwörung sollte sein Überleben sichern und ihm ein Gefühl von Geborgenheit und Beruhigung vermitteln.

Funde in Hunderttausenden von Jahren alten Gräbern belegen, dass bereits der Neandertaler magische Rituale ausübte.

Die Magie ist ein zeitloses Phänomen, das zum Menschen gehört wie Schlafen und Wachen. Sie wurde und wird angewendet in allen Bereichen des menschlichen Lebens, vor allem dann, wenn eine bedrohliche Situation auftritt, aus der es mit den Mitteln des Alltags allein keinen Ausweg zu geben scheint.

Magie entzieht sich wissenschaftlicher Logik

Die Magie entzieht sich aus unserer heutigen rational-materialistischen (vernunftbetonten und ausschließlich an die Materie gebundenen) Sichtweise jeder Logik. Eine magische Handlung vollbringt ein Mensch, der sich zum Beispiel einen Skarabäus um den Hals hängt, um dadurch seine schöpferischen Fähigkeiten zu stärken.
Um die Wurzeln magischen Handelns zu verstehen, ist es wichtig, sich der rationalen Sichtweise bewusst zu werden, von der die meisten Menschen heutzutage geprägt sind. Wenn wir etwas nicht in einen vernünftigen, logischen Zusammenhang bringen können, tun wir es sehr schnell als unsinnig und bedeutungslos ab.

Die Wurzeln der Magie

Der Mensch ist aber nicht nur ein »vernunftbegabtes Wesen«, sondern wird in mindestens gleichem Maß von Gefühlen, von gesellschaftlichen Gewohnheiten und Überlieferungen, von Erfahrungen und von seinen Beziehungen zu anderen Menschen, aber hauptsächlich von unbewussten Kräften beeinflusst.
Die Bereiche des Menschen, die über sein Alltagsbewusstsein hinausgehen, waren Objekt zahlreicher Forscher. Freud unterschied das tägliche Bewusstsein vom Über-Ich und dem Unterbewusstsein; C. G. Jung nannte die Strukturen des Unterbewusstseins Archetypen, an denen alle Menschen gleichen Anteil hätten. Archetypen sind unbewusste Bilder und Wirkkräfte im Menschen, die unabhängig von den Erfahrungen des Einzelnen für alle Menschen gültig sind. Die meisten Symbole und Mythen spiegeln diese Archetypen.

Archetypen im Sinne des Schweizer Psychoanalytikers C. G. Jung (1875 – 1961) sind u. a. die Bilder des Vaters, der Sonne, des Mondes, der Schlange, des Lebensbaumes.

11

Die Menschen früherer Zeiten glaubten wie selbstverständlich an diese besonderen Kräfte in ihrem Wesen und sahen sie magisch verkörpert in Dingen und Geschehnissen ihrer Welt. Die unmittelbare Beziehung zwischen ihnen selbst und ihrer Umgebung oder der Natur bedurfte keiner besonderen Bewusstwerdung, sondern war Bestandteil des täglichen Lebens.

Die Wurzeln der Magie liegen also im Menschen selbst, in seinen oft unbewussten Kräften und Fähigkeiten, die er auf magische und ihm unbegreifliche Weise auf Dinge und Situationen seiner Außenwelt überträgt und in ihnen verkörpert sieht.

Die Alchemie war im Mittelalter und in der frühen Neuzeit eine Kunst, die sich experimentell mit chemischen Stoffen beschäftigte. Die alchemistischen Praktiken zielten auf Veredelung der Stoffe und eine mystische Vereinigung von Mikro- und Makrokosmos.

Wissen, Glaube, Aberglaube

Die Magie bewegt sich so auch stets, vor allem heutzutage, zwischen den beiden Sichtweisen »Glaube« und »Aberglaube«. Für die einen ist das Wirken der Magie zwar nicht wissenschaftlich beweisbar, aber gerade umso mehr vertrauen sie ihrem Glauben an magische Wirkungen. Der Glaube ist für sie dabei nicht nur ein »Für-Wahr-Halten«. Es ist vielmehr eine Art Wissen um andere Wirklichkeiten, die mit den Sinnesorganen nur nicht wahrnehmbar sind.

Für die anderen ist Magie ein Relikt aus den primitiven Tagen der Menschheit, ein »Aberglaube«. Hexen, Magier und Eingeweihte aller Zeiten behaupten dagegen, Magie habe weder mit Glaube noch Aberglaube zu tun, sondern beruhe auf genauem Wissen um die Gesetze der Natur und die Wirkungsweise übersinnlicher Kräfte und Kraftquellen.

Griechische Philosophen ebenso wie mittelalterliche Alchemisten bezeichneten die Magie sogar als die höchste aller Wissenschaften. Im Vergleich zu der heutigen »exakten« Wissenschaft, vor allem zu den heutigen Naturwissenschaften, die ausschließlich mit dem Verstand arbeiten, beruft sich die Magie auf den ganzen Menschen und sein Eingebundensein in ein fein abgestimmtes Zusammenspiel natürlicher oder sinnlicher, übersinnlicher und göttlicher Kräfte.

Der Unterschied der Wissenschaften

Der Hauptunterschied zwischen der Naturwissenschaft der Magie und der heutigen akademischen Naturwissenschaft ist, dass in der Magie die Natur als belebt und durchdrungen von Geist und Seele angesehen wird. Der magische Mensch erlebt die Welt als untrennbares Ganzes, in der alle Dinge miteinander auf geheimnisvolle Weise verbunden sind und sich so gegenseitig beeinflussen können. Die heutige Naturwissenschaft sieht in der Natur lediglich ein mechanisches Zusammenwirken unbelebter Materie.

Die wissenschaftliche Bestätigung

Es gibt heutzutage allerdings ernstzunehmende Arbeiten, die das Vorhandensein der magischen Welt mittels neuer Geräte und experimenteller Untersuchungen zumindest teilweise nachweisen können. Es wurde zum Beispiel herausgefunden, dass die unterschiedliche Leitfähigkeit bestimmter Metalle für Wärme und Elektrizität der unterschiedlichen Leitfähigkeit bestimmter Planeten entspricht. Das elektromagnetische Strahlungsfeld von Metallen läßt sich ebenfalls bestimmen. Oder es kann der schwankende Gehalt an Lebensenergie behandelter und naturbelassener Früchte nachgewiesen werden. Auch die Atomphysiker bestätigen immer mehr die magische Wirklichkeit, daß nämlich die Welt und alles, was in ihr ist, ein von feinsten Schwingungen und Energien durchdrungenes und belebtes Ganzes ist.

Die Experten – Magier, Schamanen, Heiler, Hexen

Das Wissen um die richtige Anwendung der Magie besitzen in der Regel besondere Menschen. Ob sie dieses Wissen nun aus eigener Erfahrung, durch Beobachtung ihrer selbst und durch das Studium von Naturphänomenen erworben haben oder ob es ihnen durch einen Lehrer vermittelt wurde, ihre Aufgabe ist, zwischen der über-

Schamanen sind Vermittler zwischen der Welt der Geister und den Menschen. Zu den wichtigsten Aufgaben zählen die Krankenheilung, die Abwendung von Unheil und die Hilfe in schwierigen Lebenslagen.

sinnlichen Welt und der Welt der Menschen zu vermitteln. Vermittlung bedeutet aber nicht nur, daß eine Hexe oder ein Magier die »Stimmungen« oder Bewegungen überirdischer Kräfte wahrnehmen kann, um daraus zum Beispiel den passenden Zeitpunkt für das Gelingen einer bestimmten Unternehmung zu bestimmen.

Die Hexe oder der Magier greift auch oft mit Hilfe magischer Techniken und ihrer Willenskraft in bestimmte Geschehen ein, um sie für einen festgelegten Zweck zu beeinflussen. Daraus ergibt sich eine besondere Verantwortung. In alten Zeiten gelang es Hexen oder Magiern, in Trockenzeiten den lebenserhaltenden Regen herbeizurufen. Sie wehrten drohende Naturkatastrophen ab oder söhnten die Menschen mit erzürnten Göttern aus. Sie kontrollierten Dämonen, die Krankheiten verursachten, oder sagten die Zukunft voraus.

Ein Magier oder eine Hexe vollzieht in der Regel magische Handlungen, deren Ablauf aufgrund von geheimen Überlieferungen oder Schriften genau vorgeschrieben ist.

Die Verantwortung der Hexe oder des Magiers

Ihre Aufgaben können Hexen und Magier also nur erfüllen, wenn sie bestimmte Fähigkeiten besitzen: Kenntnis magischer Kraftquellen und ihrer Wirkweise, Vertrautheit mit magischen Praktiken (Beschwörungen, Rituale) sowie eine persönliche Unbestechlichkeit, ihr Können nicht zum Schaden anderer Menschen oder aus bloßem Eigennutz (Eitelkeit, Macht- und Geldgewinn) einzusetzen. Dies erfordert einen reifen Menschen, der sich nicht von selbstsüchtigen Stimmungen oder Zuständen beherrschen läßt, sondern seine Handlungen einem guten Zweck oder einer wohlmeinenden Absicht unterordnet.

Der letztgenannte Punkt ist sehr wichtig für die Unterscheidung von weißer und schwarzer Magie. Die weiße Magie dient den Menschen; die schwarze Magie benutzt die Menschen für eigene Vorteile.

Weiße und schwarze Magie

Die Unterscheidung der Magie in weiße und schwarze Magie ist so alt wie die Magie selbst. Da es in der Magie immer um Beeinflussung und um das Erreichen bestimmter Zwecke geht, kann ihre Wirkung entweder förderlicher oder schädlicher Natur sein. Förderlich zu sein, ist das Kennzeichen von weißer Magie; sie dient dem Menschen; ihr Sinn ist, alles nur denkbar Gute für den Menschen herbeizurufen, zu stärken und zu erhalten. Für den Menschen schädlich zu sein, ist das Kennzeichen der schwarzen Magie.

Oftmals ist es aber gar nicht so leicht, zwischen weißer und schwarzer Magie zu unterscheiden. Nicht nur, dass sich die Praktiken von weißer und schwarzer Magie und die von ihr benutzten Instrumente wie Beschwörung, Ritual, Symbol und Gedankenkraft meist sehr ähneln, auch die Wirkungen können oft kaum voneinander getrennt werden. Denn welcher Maßstab gilt bei der Beurteilung, ob eine durch magische Praktiken hervorgerufene Situation für einen Menschen förderlich ist oder schädlich? Wer besitzt einen so vollständigen Überblick des Lebens, daß er die detaillierten Folgen momentaner Handlungen voraussehen kann? So kann eine zunächst ungünstig scheinende Situation später ungeahnte positive Wirkungen haben. Oder ein plötzlicher Glücksfall kann sich in sein Gegenteil wenden und einen Menschen vollständig zu Fall bringen.

Absicht und innere Haltung sind es vor allem, die an der Weggabelung von weißer und schwarzer Magie die Richtung weisen. Wer die Absicht hat, andere Menschen und die in ihnen wirkenden unsichtbaren Kräfte zu beeinflussen, um selbst zu mehr Gewinn, Ansehen, Ruhm und Macht zu kommen – derjenige handelt schwarzmagisch. Er wird vor allem die Antriebe und Eigenschaften im Menschen ausnutzen und stärken wollen, die in der weißen Magie gerade unzulässig sind, nämlich Neid, Eitelkeit, Genußsucht oder Dummheit. Von den Versuchungen des Teufels, denen Jesus ausgesetzt war, über die Verlockungen, die Mephisto Dr. Faustus anbot, bis zu den Versprechungen und unentwegten Neuerungen, die von der heutigen Industrie- und Werbekultur produziert werden, reichen die Beispiele schwarzmagischen Wirkens.

Weißmagisch hingegen ist die Absicht desjenigen, der sich selbst und auch andere zu mehr Intelligenz, Glück, Verantwortung und innerer Freiheit bringen möchte.

Die magische Handlung kann schädlichen oder nützlichen Zwecken dienen. Im ersteren Fall ist sie schwarzmagisch, in letzterem weißmagisch. Um weißmagisches Wirken geht es in diesem Buch.

Magische Kraftquellen

Magische Kraftquellen sind der Kern jeder magischen Handlung. Dabei können nicht nur bestimmte Gegenstände von magischer Bedeutung sein und somit als »Vermittler«, »Überträger« oder »Speicher« von magischen Energien dienen.

Magische Rituale selbst und Verhaltensweisen, wenn sie in einer bestimmten, festgelegten Art und Weise ausgeführt werden, können ebenso zur Kraftquelle werden wie besondere Naturerscheinungen oder Orte. Die Grenzen zwischen Gegenstand, Ort, Natur und Mensch sind dabei fließend.

Die verschiedensten Gegenstände aus Naturstoffen können aufgrund ihrer Beschaffenheit in einem magischen Ritual als Kraftquelle eingesetzt werden. Allerdings muss dieser Gegenstand sich in irgendeiner Weise von anderen Dingen abheben, etwas Besonderes sein.

Das allgemeinste Merkmal einer magischen Kraftquelle ist, dass sie sich durch irgendetwas Besonderes von anderen Dingen, von anderen Verhaltensweisen oder von anderen Orten unterscheidet.

Gegenstände aus Naturstoffen

Im Einzelnen können magische Kraftquellen unterschieden werden:
● Gegenstände aus Naturstoffen, deren Form oder Beschaffenheit außergewöhnlich, bizarr, besonders hart, widerstandsfähig und beständig ist, oder die sehr alt sind. Hierzu gehören Steine und Edelsteine, aber auch alle Dinge, die aus Metall (zum Beispiel Eisen), Leder oder Tierhaut, hartem Holz, aus Knochen, Zähnen, Horn oder Geweih, aus Fruchtschalen (zum Beispiel Nussschalen) oder aus Rinde geformt sind.
● Gegenstände aus Naturstoffen, die mit symbolischen Darstellungen (Tiere, Menschen, Götter), Formen oder Zeichen (ein Kreuz, ein Kreis, Zahlen, Schriftzeichen) ausgestattet sind.
● Ungewöhnliche alte Gerätschaften, die nicht mehr in Gebrauch sind (zum Beispiel alte Werkzeuge), oder Reliquien (Überreste eines Heiligen – Stücke seiner Kleidung, seines Körpers oder seiner Grabbeigaben).

Diese Gegenstände können durch ihre Beschaffenheit und genau festgelegte Verwendung in einem magischen Ritual als Kraftquelle dienen. Oft werden sie als Amulette oder Talismane eingesetzt.

Orte, Naturerscheinungen, Handlungen

Zur magischen Kraftquelle kann im Grunde alles werden, wenn es bestimmte Bedingungen, nämlich die der Ungewöhnlichkeit und Unbegreiflichkeit, erfüllt. Also auch:

● Orte wie vorgeschichtliche Kultstätten, uralte Bäume, schwer zugängliche Gebirge oder bizarre Steinformationen;

● Naturerscheinungen wie Sonnen- oder Mondfinsternisse, Sternschnuppen oder Kometen, Gewitter und starke Regengüsse, Sturm oder starke Hitze;

● Geschehnisse im Menschen selbst wie ungewöhnliche Träume, Eingebungen, Ideen, unerwartete Begegnungen mit Menschen, eine plötzliche Veränderung der Sichtweise;

● die Umstände eines magischen Rituals: Die besondere Konzentration und Hingabe, die bei der Ausführung eines magischen Rituals erforderlich sind, die Verwendung und genaue Anordnung bestimmter Gegenstände, das aktive Mitwirken durch Erzeugen bestimmter Vorstellungen, das disziplinierte Ausführen bestimmter Handlungen. Durch diese wichtigen »Beigaben« kann ein magisches Ritual zur Kraftquelle werden und zum gewünschten Erfolg führen.

Eine magische Kraftquelle kann also alles sein, was den Menschen beeindruckt und ihn an die Grenzen seines Alltagsbewusstseins führt, indem sie ihn einlädt, ungewöhnliche Bilder und Bedeutungen in ihr zu entdecken. Aber immer ist es der Mensch selbst, der sich der magischen Kraftquelle öffnet oder sich ihr verschließt, der etwas zu einer Kraftquelle macht oder diese Möglichkeit in sich unentdeckt läßt. In ihm liegt alle Magie.

Zu vorgeschichtlichen Kultstätten, in denen magische Rituale durchgeführt wurden, zählen Höhlen, auffallende Bäume, Quellen, Haine sowie Tempelbauten.

Das magische Ritual

Ein magisches Ritual wird ausgeführt, um ein vorgegebenes Ziel zu erreichen. Dabei kann das Ziel etwas sehr Spezielles sein wie die Genesung eines kranken Menschen oder das Abheilen einer Warze. Wer kennt nicht das »Besprechen« einer Warze während eines bestimmten Mondstands? Es kann aber auch allgemein die Gesundheit und das Wohlergehen aller Menschen betreffen. In schwierigen Fällen sollte ein magisches Ritual aber immer von einer Hexe oder einem Magier begleitet werden.

Beachtung genauer Vorschriften

Wichtig bei der Ausführung eines magischen Rituals ist in jedem Fall, soll das Ritual wirksam sein, das genaue und sorgfältige Befolgen vorgegebener, meist überlieferter Anweisungen und Vorschriften. Der Grund dafür ist, dass der Mensch, der ein magisches Ritual ausführt, sich mit den Kräften der belebten Natur innig verbindet. Seine Absicht ist, die Wirkung dieser Kräfte für seinen Zweck zu beeinflussen und zu verändern. Diese Kräfte gleichen aber einem präzisen Uhrwerk oder einem komplizierten Schloss, in das nur ein entsprechend sorgfältig gearbeiteter Schlüssel passt, um es aufzuschließen. Alle Teile eines Rituals (Gegenstände, Ort, Zeitpunkt, Handlungen, Einstellung des Ausführenden) bilden zusammengenommen diesen Schlüssel, der das magische Schloss der Naturkräfte aufzuschließen vermag. Ein Fehler in dem Ritual macht es bereits unwirksam.

Jede Beliebigkeit und Abänderung im Ablauf des Rituals würde seine Unwirksamkeit zur Folge haben. Sollte sich das Ritual als zu schwierig erweisen, ist die Hilfe einer Hexe oder eines Magiers notwendig.

Wiederholung und Vertrauen

Folgende Punkte sind zusätzlich für das Verständnis eines magischen Rituals wichtig:

● Um eine nachhaltige Wirkung zu erzielen, ist es wichtig, ein Ritual regelmäßig, zur gleichen Zeit und unter gleichen Bedingungen zu wiederholen.

● Für die Wirksamkeit eines Rituals ist es belanglos, ob die Beteiligten es verstehen. Wichtiger sind Vertrauen, Hingabe und Hoffnung. Wenn die Bedingungen stimmen, funktioniert es auch ohne die persönlichen Färbungen, die ein Beteiligter glaubt, einbringen zu müssen. Sinn des Rituals ist es, die unsichtbaren Kräfte anzurufen, und zwar in ihrer Sprache, nicht in der Sprache unseres gewohnten Alltags.

Rituale im Alltag

Ein Gefühl für die besondere Bedeutung, von der ein Ritual geprägt ist, kann jeder nachvollziehen, der sich einmal in seinem Alltag »umsieht«. Eine Einladung von wichtigen oder befreundeten Gästen bedarf z.B. genauer, konzentrierter Vorbereitung. Das Zusammenstellen des Menüs wird schon begleitet von dem geistigen Bild des späteren Ereignisses. Dann der Einkauf, das Herrichten des Esszimmers, die Auswahl des Geschirrs, das sorgfältige Decken des Tisches – all diese Handlungen haben rituellen Charakter.

Rituale sind auch alltägliche Handlungen, die wir immer zur gleichen Stunde und in der gleichen Absicht ausführen, ohne dass wir durch unsere äußeren Lebensumstände dazu gezwungen wären. Wir bauen durch die Wiederholung eine bestimmte Energie auf, die uns hilft, mit den Situationen des Lebens besser umzugehen. Ein derartiges Ritual kann zu einem Ruhe- und Sammlungspol werden, der sich unserem Unterbewusstsein positiv einprägt.

Magie umschließt alles

Auf die anfangs gestellte Frage, was das Wesen der Magie sei, lässt sich jetzt antworten:

● In der Magie gilt der Mensch als eingebettet in einen lebendigen Zusammenhang von natürlichen und geistig-seelischen Kräften. Zwischen ihm und der Natur gibt es keine Trennung, wobei die Natur von der kleinsten Erscheinung bis zu den Geschehen im Universum durchwirkt ist von unsichtbaren Kräften und Wesenheiten.

● Unabhängig von den Leistungen der Geschichte ist die Magie eine der wesentlichen Fähigkeiten des Menschen, nämlich die »Kommunikation« mit diesen unsichtbaren Kräften der Natur.

● Diese Kommunikation muß nach genauen Vorschriften und Regeln erfolgen, soll sie verstanden und erhört werden.

● Magische Praktiken können sich auf jeden Bereich des menschlichen Lebens erstrecken.

Ein wichtiges alltägliches Ritual kann auch der Spaziergang mit dem Hund sein. Wenn wir zum Beispiel jeden Abend zur gleichen Zeit mit unserem Vierbeiner den immer gleichen Weg spazierengehen, schließen wir den Tag ab und bereiten uns auf die Nacht vor.

Schriftzeichen, wie hier die auf Stein eingeritzten Runen, konnten früher nur die wenigsten lesen. Als Geheimzeichen spielen sie bei Amuletten bis heute eine große Rolle.

In Ägypten schützte man die Mumien der Könige und Pharaonen mit Hilfe von Amuletten vor dem »Tod«.

Kleine Geschichte der Amulette und Talismane

Wer der Erfinder der »talismanischen Kunst« in uralter Zeit gewesen sein mag, darüber gibt es nur sagenhafte Überlieferungen. Noch vor der biblischen Sintflut soll ein Mensch namens Gigante gelebt haben, der die Talismane und Amulette in Wirkung und Gebrauch entdeckte. Arabischen Geschichten zufolge soll dies dem ersten König der Ägypter mit Namen Nacraus gelungen sein, der auch vor der Sintflut lebte. Von dem Sohn Noahs, Cham oder auch Zoroaster genannt, heißt es, er sei ein Fachmann in der Anwendung von Talismanen gewesen. Der Name Zoroaster bedeutet »Priester des Gestirns« oder »Sohn und Verehrer der Sterne«.

Was sind Amulette und Talismane?

Eine herausragende Rolle spielen in der Magie Amulette und Talismane. Sie sind die ständigen magischen Begleiter des Menschen durch alle Zeiten und bei jeder magischen Handlung. In ihnen sammelt sich alles magische Wissen und jede magische Erfahrung. Sie sind die Sammellinsen oder Speicherorgane des Kräftespiels, das täglich zwischen der Erde und dem Himmel stattfindet und sorgen so für die »Kommunikation« zwischen dem Menschen und den kosmischen Naturkräften.

Einige Begriffsbestimmungen

Am Anfang des 18. Jahrhunderts gab ein Autor folgende einfache Definition eines Amuletts: »Amulett ist alles, was sich die Menschen um den Hals oder an irgendeinen anderen Körperteil anhängen oder auf irgendeine Weise anbinden, auch in den Kleidern bei sich tragen oder an einem bestimmten Ort aufstellen, um Krankheiten zu vertreiben, die körperliche Verfassung zu kräftigen oder anderes zu gewinnen. Im engeren Sinn bezeichnet das Wort Amulett irgendeinen Körper, der mit Charakteren, mit einem Bilde oder einer bestimmten Figur gezeichnet ist, um sich mit Hilfe überirdischer Kraft außerordentlicher Wirkungen zu versichern.«

Der antike Schriftsteller Plinius, der vor allem durch sein umfassendes vielbändiges Werk einer Geschichte der Natur bekannt geworden ist, bezeichnete ein Amulett als einen Gegenstand, der einen Menschen vor Not und Kummer bewahrt. Aus neuerer Sicht müssten wir diese Umschreibung entsprechend erweitern: So ist ein Amulett ein natürlicher, z. B. vorgefundener oder ein handwerklich angefertigter Gegenstand, von dem ein Mensch überzeugt ist, dass er ihn vor Unheil schützen kann, wenn er ihn an einer bestimmten Stelle in seiner Umgebung anbringt oder ihn ständig bei sich trägt. Dieser Gegenstand hat für diesen Menschen somit magische Qualitäten.

Herkunft des Wortes

Das Wort Amulett stammt wohl von den Arabern, die eine Kette aus Steinen oder mit Sinnsprüchen beschriebene Stoff- oder Pergamentstücke Hamalet (= Anhängsel) nannten. Andere sehen den Ursprung des Wortes Amulett in den lateinischen Wörtern amula (= Versöhnungsgefäß oder Weihkessel) oder amolire (= wegschaffen oder ableiten).

Das Wort Talisman wurde wahrscheinlich von den Türken übernommen: Die türkischen Wörter Talis, Talism, Tilism oder Talismon bedeuten Wunderbild. Die türkischen Priester, die sich mit diesen Wunderdingen befassten, wurden Talismane genannt. Bei den Persern hieß dieser Berufsstand Tsilmenaja, bei den Griechen Telesmata. Im Arabischen gibt es das Wort tilisman (= Zauberbilder). Bei den Indern hing der Bräutigam der Braut bei einer Vermählung eine Art Amulett um den Hals, das Glück, Dauer und Kindersegen bringen sollte. Bis heute wird dieser »Ehering« Tali genannt.

Die Gelehrten sind sich nicht ganz einig über die Abstammung des Wortes Amulett, das aber wahrscheinlich aus dem arabischen Sprachraum stammen dürfte. Das Wort Talisman ist vermutlich über die Türken in unsere Sprache gelangt.

Die unterschiedliche Wirkung

Amulette und Talismane werden ihrer Wirkung nach in zwei Bereiche unterschieden. Beide Wirkungsbereiche sind jedoch oft ineinander verwoben, so dass sie als die zwei Seiten ein und derselben Münze gelten können.

Die Unterscheidung von Amulett (Abwehr von Unglück und Schutz vor unheilvollen Kräften) und Talisman (Glücksbringer, Verstärker von positiven Energien) wird heute nicht mehr so streng gesehen.

● Talismane gelten in der Regel als Glücksbringer. Sie sollen gute und förderliche Energien anziehen und das bestehende Gute steigern und vermehren, also Reichtum, Gesundheit, Schönheit, langes Leben, Wohlergehen und Kraft.

● Amulette dienen dem Schutz und der Abwehr schlechter und schädlicher Kräfte. Sie sollen das bestehende Schlechte schwächen und »ableiten«.

Diesem Unterschied in der Wirkung mag auch der Gebrauch eines Amuletts oder eines Talismans entsprechen: Ein Amulett wird üblicherweise sichtbar um den Hals getragen, einem verkleinerten, »kriegerischen« Schild vergleichbar, das vor Schaden und Verletzung schützt. Ein Talisman mag in einer Tasche versteckt bleiben; nur sein Besitzer weiß, daß er einen kleinen Helfer bei sich hat.

Die Ägypter

Den Urboden für die Saat der talismanischen Tradition haben in jedem Fall die alten Ägypter bestellt. Sie waren die ersten – zusammen mit chaldäischen, hebräischen und indischen Volksstämmen – die Sternfiguren und -konstellationen, aber auch Tier- und Menschensymbole auf Stein oder Metall darstellten und für magische Zwecke nutzten. Die so geheiligten Gegenstände sollten bestimmte Wirkungen erzielen. Überhaupt waren die Ägypter sehr beflissen darin, in allem, was sie umgab – Ort, Tier, Pflanze oder Stein – einen guten Geist oder einen Dämon zu erblicken, der durch die rituelle Verwendung geheiligter Gegenstände besänftigt oder um Beistand angerufen wurde.

Das Gesellschaftsleben

Die Beschwörung von Gottheiten durch Kulte und magische Riten durchzog das gesamte ägyptische Gesellschaftsleben: Die Astronomie sollte lediglich den richtigen Zeitpunkt für bestimmte Rituale bestimmen helfen, um sich die Gunst der angerufenen Gottheit zu sichern. Die Ärzte und die Rechtsberater waren in der Regel zugleich Priester; das Gesundheitswesen wurde durch religiöse Vorschriften geregelt. Verwaltung des Staates und letzte Rechtssprechung oblagen dem Pharao, dem unfehlbaren Gottkönig.

Leben nach dem Tod

So wie die Sonne am Abend stirbt und morgens wieder aufersteht, so glaubten die Ägypter fest an ein Weiterleben nach dem Tod und eine Wiederauferstehung ins Leben. Die Geografie des Totenreichs sowie Verhaltensregeln waren genau beschrieben im »ägyptischen Totenbuch«, das auch heute noch von beträchtlichem Wert ist. Dieses Buch wurde dem Leichnam – zusammen mit anderen nützlichen und geweihten Gegenständen – mit ins Grab gegeben, damit ihm in der anderen Welt Schutz und Führung sicher seien.

Bei ägyptischen Bestattungszeremonien wurde dem Toten zudem ein Skarabäus an die Stelle des vorher entfernten Herzens gelegt – eine Gewähr für seine Erneuerung und sein Weiterleben, da ja sein altes Herz aufgehört hatte zu schlagen.

Die Ägypter legten ihren Toten Korallen als magischen Schutz mit in ihre Grabkammern. Auch die Blutfarbe Rot durfte auf der Reise in die Unterwelt nicht fehlen, galt sie doch als Unheil abwehrend.

Kunst, Amulette und Talismane

Auch die ägyptische Kunst diente hauptsächlich kultischen Zwecken. Häufig wurden Tiere, aber auch Gegenstände in den Rang eines religiösen Symbols erhoben, da sich in ihrem Verhalten, in ihrem Aussehen oder in ihrem Gebrauch Eigenschaften von Göttern spiegelten. Die in Ton, Stein oder Metall geritzten oder auf Holz gemalten Bildsymbole (Hieroglyphen) besaßen Zauberkraft und sollten das Kunstwerk beseelen und weihen.

Besonders beliebt und verbreitet waren zu allen Zeiten der ägyptischen Geschichte Amulette und Talismane. Das ägyptische Wort für

Amulett lautet mk-t, das mit »Beschützer« übersetzt werden kann. Ein anderes oft verwendetes Wort ist udjau, das »Bestärkung« oder »Kräftigung« bedeutet. Von den Menschen aus allen Gesellschaftsschichten wurden die Amulette nicht nur am Körper getragen, sondern auch an Häuser oder an Gegenstände des Alltags angebracht. Sie waren gewissermaßen das tägliche »Zahlungsmittel«, um mit den Göttern, Dämonen und Geistern in günstige Verhältnisse zu kommen.

> Das hebräische Alphabet enthält 22 Konsonanten, kennt jedoch keine Vokale. Die wichtigsten Denkmäler der hebräischen Sprache sind die Bücher des Alten Testaments.

Die Hebräer

Vergleichbar mit den Ägyptern, in deren Land sie Zwangsarbeit und Frohndienst leisten mussten, bis Moses sie in die Freiheit führte, wussten auch die Hebräer um die Wirkkraft von Talismanen, Amuletten und Götterbildern.

Tiefer Glaube an Magie

Es heißt, der Vater Abrahams, Thara, hätte nach astrologischen Regeln geheimnisvolle Bilder, sogenannte Teraphim, und kleine Götterstatuen angefertigt, mit deren Hilfe er magische Wirkungen hervorzubringen imstande war und die Zukunft voraussagen konnte. Bevor Rahel, die Schwester Abrahams, aus Tharas Obhut floh, hätte sie ihrem Vater diese Götterstatuen entwendet in dem Glauben, sie würden ihrem Vater vorzeitig die Flucht verraten.

Der Glaube an Hausgötter, an die Macht der Sterne, aber auch die Verehrung der Namen Gottes ging bei den Hebräern so weit, daß sie bei der kleinsten täglichen Schwierigkeit einen Namen Gottes auf einen Pergamentzettel schrieben, ihn bei sich am Körper trugen in der festen Überzeugung, so die Schwierigkeit zu lösen. Bis heute wird der hebräischen Sprache und sogar jedem ihrer Buchstaben eine besondere magische Kraft nachgesagt.

Eine Reihe von Gelehrten befassten sich bereits in der biblischen Zeit mit der Kunst der Talismane und schrieben darüber zahlreiche

Bücher. Der bekannteste dieser Gelehrten war König Salomon, der in seinem Werk Clavicula Salomonis (Der Schlüssel des Salomon) sein Wissen über Herstellung und Gebrauch einer Reihe von Amuletten und Talismanen niederschrieb.

König Salomon

Schon zu Lebzeiten (993 bis 953 v. Chr.) war König Salomon, Sohn und Thronerbe des Königs David, eine Legende: Reich an Gütern und Besitztümern, hingegeben an die ganz irdischen Sinnesfreuden und Vergnügungen, besaß er gleichzeitig ein tiefes Wissen um die okkulten Künste und Wissenschaften. Sein Ruhm als Beschwörer und Beherrscher von Geistern, als Verkünder von Urteilen, deren gerechtes Maß nur überirdischen Ursprungs sein konnte, veranlasste damals »alle Könige auf Erden«, seine Nähe zu suchen und seine Weisheit zu hören. Sogar die reiche und ebenfalls in der Magie kundige Königin von Saba soll nach Jerusalem gereist sein, um von Salomon die letzten Rätsel der Weisheit entschlüsselt zu bekommen.

Magischer Einsatz von Symbolen

Wie Salomon zu seiner tiefen Vertrautheit mit den letzten Zusammenhängen des Lebens kam, bleibt ungewiss. Es wird zumindest berichtet, ihm seien wiederholt Engel erschienen, die ihm grundsätzliche Geheimnisse des Lebens durch Zeichen und Symbole enträtselt hätten. Mit Hilfe dieser Symbole und ihres gezielten magischen Einsatzes hätte Salomon sein Wissen nicht nur über Geister, sondern auch über Menschen und Tiere bekommen, gestärkt und erweitert.

Die Sprache dieser Symbole entsprach stets der universellen geometrischen Sprache der »letzten Ursachen«: Linie, Dreieck, Quadrat und Kreis, die in verschiedenen Figuren die planetarischen Kräfte darstellten. Oft waren die Symbole gepaart mit hebräischen Schriftzeichen, die Bedeutung und Anwendungsbereich des Symbols ausdrückten. Diese Symbole ließ Salomon in Ringe, Amulette und Talismane stanzen und machte sie dadurch auch für andere Menschen zugänglich.

Salomon, König von Juda, Israel und Jerusalem, galt bereits zu Lebzeiten als der umsichtige und weise Herrscher, der durch geschickte Politik sein Land zur Blüte führte.

Andere Völker

Die Zusammenhänge über Glaube, Herstellung und Gebrauch von Talismanen und Amuletten galten nicht nur bei den Völkern des Alten Testaments. Die Azteken verehrten ihren Sonnengott und dessen Verwandte in Kulten und Riten durch Amulette und Talismane, die nach genauen astrologischen Beobachtungen bemaßt, hergestellt und angewendet wurden. Die Kelten und die Germanen verehrten eine Götterwelt, die sie den Sternen entnommen hatten. Durch Talismane und Amulette, die mit magischen Runenzeichen und geometrischen Figuren versehen waren, machten sie die Kräfte der Götter greifbar und gaben ihnen irdischen Ausdruck.

Gleiche Bedeutungen

Mythologisch besonders bedeutsam ist eine alemannische Runenschrift, die in der Nähe von Augsburg gefunden wurde. Man glaubt, dass sie entweder eine Göttertrias oder eine christliche Schwurformel nennt.

Natürlich drückte jedes dieser Völker die magischen Zusammenhänge, an die sie glaubten, in seiner eigenen kulturellen Spielart, Sprache und Prägung aus. Die den Riten und Bräuchen innewohnenden Bedeutungen waren aber stets die gleichen: Anrufung und Wille zur Beherrschung von Göttern, Geistern und Dämonen.

Diese erste große Strömung des allgemeinen Glaubens an die Wirkung von Talismanen und Amuletten, ihrer volksdurchdringenden Verbreitung, ihrer Anwendung in zahlreichen Riten und Zeremonien zum Zweck der Verehrung ebenso zahlreicher Götter und Geister – diese Zeit verebbte nach und nach und erstand erst wieder, in anderem Gewand, zu Beginn des Mittelalters.

Die Alchemie des Mittelalters

Erst etwa zu Beginn des 13. Jahrhunderts gewann die talismanische Kunst wieder zunehmend an Bedeutung. Es ist dies auch die Zeit des Wiederaufblühens der alten Tradition der magisch arbeitenden Kräuterfrauen, dem magischen Vorläufer der Alchemie, und unserer modernen Chemie.

Der Gegenspieler – die christliche Kirche

Die christliche Kirche hatte sich inzwischen zu einer Staatsmacht verfestigt. Der bittere Geruch, den sie seit den Kreuzzügen ausströmte, verstärkte sich noch in den nächsten drei- oder vierhundert Jahren: Nach den unseligen Kreuzzügen folgten im eigenen Land die Hexenverbrennungen, die Inquisition, der kirchliche Kampf gegen heidnische Bräuche, Zauberei und teuflischen Aberglauben. Gleichzeitig herrschten Hungersnöte, Bauernkriege und die Pest. Der Gebrauch von Amuletten und Talismanen war damals sehr verbreitet, obwohl die christliche Kirche wiederholt strikte Erlasse verkündete, die den Einsatz von Amuletten und Talismanen unter strenges Verbot stellten.

Als sollte die Alchemie in dieser gefahrvollen, dunklen Zeit eine helle Gegenkraft bilden, entwickelte sie sich zu einer ernstgenommenen, verbreiteten, aber geheimgehaltenen und versteckten Wissenschaft. Für einen damaligen Alchemisten konnte es lebensgefährlich sein, wenn er in den Ruf eines Zauberers und Magiers gekommen wäre.

Ziel der Alchemie

Ziel der Alchemie jedenfalls war zu dieser Zeit wie zu allen anderen Zeiten, den Stein des ewigen Lebens zu entdecken, das Pulver, den »roten Löwen«, zu gewinnen, mit dem es möglich sei, Blei in Gold zu verwandeln. Dies war sowohl stofflich als auch geistig gemeint: Die mittelalterlichen Alchemisten besaßen in der Regel großzügig ausgestattete Laboratorien, in denen sie das Feuer für die Gewinnung des Pulvers unter den Kesseln und Kanülen über Wochen und Monate auf stets gleicher Flamme halten mussten. Auf gleicher Flamme musste – bildlich gesprochen – aber zugleich ihre Absicht bleiben, sich selbst zu verwandeln, um ewige Weisheit und Wahrheit zu erringen. Die Alchemie verstand es als ihre Aufgabe, immer wieder aufs Neue das Grobe vom Feinen zu trennen, dies wiederum unentwegt zu destillieren, bis schließlich die Essenz allen Lebens – der Stein der Weisen – zurückbliebe.

Die Alchemie war nach Auffassung der christlichen Kirche eine heidnische und damit unchristliche Wissenschaft. Die Alchemisten waren deshalb gezwungen, bei der Ausübung ihrer Kunst besonders vorsichtig vorzugehen.

Die Rolle der Amulette

Bei diesen Operationen spielten Talismane und Amulette unweigerlich eine entscheidende Rolle. Sie waren notwendige Begleiter und magische Katalysatoren bei allen alchemistischen Prozessen, die das Gelingen »des großen Werks« überhaupt erst möglich machten. Nur mit ihrer Hilfe konnten die Alchemisten störende Kräfte unschädlich machen, den Versuchungen des Teufels, wie ihnen Dr. Faustus ausgesetzt war, widerstehen und die erforderliche Kraft sowie das nötige Wissen zum »Durchhalten« gewinnen.

Amulette und Talismane spielten bei allen Prozessen und Versuchen, die die Alchemisten durchführten, eine entscheidende Rolle. Sie sollten dabei helfen, den störenden Einflüssen des Teufels und der Dämonen zu widerstehen.

Verwendung alten Wissens

Bei ihren Versuchen griffen die mittelalterlichen Alchemisten immer wieder auf das alte Wissen der Ägypter oder der Hebräer zurück, das sie mit christlichen Vorstellungen verbanden. So sahen sie nicht mehr in allem unterschiedliche Geister und Götter, sondern glaubten an den einen Gott, der alles erschaffen habe. Seine Handschrift aber erkannten sie in allen Erscheinungen der Natur – in Steinen, Pflanzen, Tieren, Menschen, Sternen. Alles war mit allem verbunden in einer einheitlichen Schöpfung.

Der prominenteste der damaligen Alchemisten war Paracelsus.

Paracelsus

Philippus Aureolus Theophrastus, auch Theophrastus Bombastus von Hohenheim, genannt Paracelsus, wurde im Jahr 1493 in der Schweiz geboren und starb nach einem harten und entbehrungsreichen Leben im Jahr 1541 in Österreich.

Den Namen Paracelsus hat er sich selbst gegeben: Aus der Überzeugung heraus, eine neue Medizin zu schaffen, stellte Paracelsus sich auf eine Stufe mit dem Urvater der damals geltenden Medizin, dem römischen Schriftsteller Aulus Cornelius Celsus. Vor Studenten verbrannte er die acht überlieferten medizinischen Werke des römischen Autors und setzte sich selbst als neuen medizinischen Urvater an dessen Stelle. Aus dem Lateinischen übersetzt bedeutet »Paracelsus«: »dem Celsus gleich«.

Die vorrangige Bedeutung seines Lebens liegt in der Ausarbeitung einer alchemistischen Medizin, in der Magie und Symbolik ebenso ihren Platz fanden wie das Wissen um die Heilkräfte von Pflanzen und Mineralien oder die Wirkkräfte der Planeten.

So bemerkte er einmal, dass ein Arzt, der nicht auch in Astronomie bewandert wäre, kein guter Arzt sein könne. Oder an anderer Stelle: »Es gibt nichts im Himmel und auf der Erden, nichts im Makrokosmos und im Mikrokosmos, das nicht auch im Menschen wäre ... und wer weiß, was Venus am Himmel ist, der weiß auch, was Artemisia (Beifuß, Jungfernkraut) und was Kupfer bewirken kann, und wer den Mars am Himmel kennt, der kennt die Eigenschaften des Eisens und des Eisenkrautes und die typischen Eigenschaften eines vom Mars geprägten Menschen.«

Universelle Harmonie

Paracelsus arbeitete mit den direkten Verbindungen, die zwischen allen natürlichen Erscheinungen bestehen: Da der Walnusskern dem Aussehen des menschlichen Gehirns gleicht, nahm Paracelsus an, Walnüsse würden gegen Gedächtnisschwäche und Konzentrationsmangel helfen. Die heutige Wissenschaft hat dies bestätigt. Dieses einfache Beispiel aus seiner Signaturenlehre bezeugt seine alchemistische Sichtweise, dass nämlich die gesamte Schöpfung von der Hand eines Schöpfers geprägt ist und somit alles mit allem in harmonischem Zusammenhang steht.

In der alchemistischen Tradition ist es seit jeher üblich, wichtige Symbole und Formeln des Wissens in Amulette und Talismane zu bannen. Paracelsus entwickelte seine Planetenamulette, die er jeweils mit den besonderen Eigenschaften eines Planeten bildlich und numerologisch ausstattete. Am machtvollsten wirken diese Amulette, wenn sie – in Übereinstimmung mit den Himmelsbewegungen – zu einer bestimmten Stunde hergestellt und auch dann getragen werden.

Paracelsus selbst setzte diese Amulette ein, um sich vor dem Spott und den Anfeindungen seiner Zeitgenossen zu schützen.

Die Signaturenlehre schließt aus dem äußeren Erscheinungsbild wie etwa Form und Farbe auf die Heilwirkung eines tierischen oder pflanzlichen Stoffes. Sie war bereits in vorgeschichtlicher Zeit und in der Antike bekannt.

Der Beginn der Neuzeit

Zu einem zweiten Verebben kam die Kunst der Amulette und Talismane, als die Philosophen der sogenannten Aufklärung auf die Bühne der Geschichte traten.

Die Götter des Verstandes

Der berühmte Satz des französischen Philosophen René Descartes, »Cogito ergo sum« (»Ich denke, also bin ich«), gab allem magischen Denken und Empfinden den Todesstoß. Die Verstandeskräfte (Ratio) traten an die Stelle der Götter. Von ihnen allein erwartete der Mensch der Neuzeit Hilfe und Beistand; allein sie sollten Unheil und Bedrohung abwehren können. Aus dem Glauben an diese neuen Götter entwickelten sich die heutigen Wissenschaften und die Technik. Nur waren diese Götter keine verbindenden Götter, sondern trennende Götter, die zerlegten und sezierten, wo sie nur konnten. Die Anwendung von Amuletten und Talismanen, die das Verbundensein aller Welten ausdrückte, konnte deshalb nur noch im Geheimen erfolgen. In dem Maße, in dem heute wieder ganzheitliche Ansätze des Denkens an Aktualität gewinnen, besinnt man sich auch wieder mehr auf diese magischen Traditionen.

> Der Rationalismus und das moderne Denken seit Descartes kennt zwar keine grausame Inquisition mehr. Doch haben sie Andersdenkende kaum weniger nachhaltig ausgegrenzt und zum Schweigen gebracht. Wenn ein Denken nicht ins Schema passte, wurde es als Aberglaube abgetan und lächerlich gemacht.

Moderne

In der Gegenwart und jüngsten Vergangenheit gibt es trotz aller naturwissenschaftlichen Fortschritte viele Menschen, die fest davon überzeugt sind, dass überirdische Kräfte Einfluss auf unser Leben nehmen und dass Amulette und Talismane diese Kräfte günstig beeinflussen können. In vielen, oft auch zweifelhaften Erweckungs- und Heilsbewegungen spielen deshalb Amulette eine wichtige Rolle – als Insignien der Zugehörigkeit zu einer Gruppe, als Zeichen des Auserwähltseins, als Heilsbringer. Beispiele dafür sind die 1955 gegründete shinto-buddhistische Heilsbewegung Mahikari, bei der das Amulett omitana eine zentrale Rolle spielt. Dieser Heilsbringer wird während der Rituale den Menschen feierlich übergeben und soll dazu befähigen, das »wahre Licht Gottes« durch das Auflegen der Hand weiterzugeben. Ein weiteres Beispiel ist die Bhagwan-Bewegung, die der Inder C. M. Rajneesh Anfang der siebziger Jahre ins Leben rief. Höhepunkt im Leben eines Sanyassins, so nennen sich die Anhänger, ist die Übergabe der Mala, einer Kultkette mit einem Amulett, das das Bild des Meisters ziert. Der Initiant kniet dabei vor Bhagwan oder einem Vertreter mit geschlossenen Augen, während ein Meister durch Daumendruck das dritte Auge in der Stirn des Sanyassins öffnet und ihm einen neuen Namen gibt.

New Age

Die New-Age-Bewegung artikulierte sich wie die Hippie-Bewegung zuerst im Umfeld der amerikanischen Gesellschaftskritik der späten sechziger Jahre. Der Begriff hat wie seine Entsprechung »Wassermannzeitalter« seine Wurzeln in den astrologischen Zyklen esoterischer Weltanschauungen des 19. und 20. Jahrhunderts. Die Wiederbelebung archaischer Traditionen im Umfeld des New Age, insbesondere des Schamanismus und der indianischen Weltanschauung, hat auch die Rolle von Amuletten und magischen Gegenständen neu belebt.

Moderne Hexen

Immer mehr Frauen interessieren sich heute wieder für das alte magische Wissen der Hexen. Entgegen der Diffamierung und Verfolgung durch die Kirche genossen Hexen im Volk durchaus Vertrauen, denn sie nahmen eine besondere Rolle im Heilwesen ein und wussten viel über die Wirkungen von Pflanzen und Kräutern, aber auch über die magischen Kräfte in der Natur. Für Hexenrituale sind Amulette und Talismane deshalb von großer Bedeutung. Sie sind Hilfsmittel für die magisch-geistige Arbeit – weil sie deren Wirkung unterstützen und verstärken.

Auch die Schmuckindustrie greift heute gerne auf Motive aus der reichen Tradition der Amulette und Talismane zurück – was einmal mehr unterstreicht, dass auch das Tragen von Schmuck auf einen magischen Ursprung zurückgeht.

Ein Skarabäus-Amulett aus dem alten Ägypten: Oft waren auf dem Bauch geheimnisvolle magische Schriftzeichen eingeritzt.

Die Symbolik von Amuletten und Talismanen

Auf Amuletten und Talismanen lässt sich fast alles als Symbol verwenden, was für den Menschen in irgendeiner Weise von Bedeutung ist. Angefangen mit der Darstellung alltäglicher Gesten, zum Beispiel das Daumen-Drücken als Glückssymbol, bis hin zu Szenen aus Schöpfungsmythen, zu Gestirnkonstellationen oder abstrakten geometrischen Figuren.

Die häufigsten Symbole sind die Ursymbole, vereinfachte Darstellungen von geheiligten Tieren, Menschenbilder, astrologische Symbole, Schriftzeichen oder Sinnsprüche aus heiligen Schriften und Zahlen, die in magischer Weise angeordnet sind.

Die Ursymbole

Aus der Urzeit menschlichen Seins scheinen sie zu stammen, da sie bis heute nichts von ihrer Wirkkraft und ihrem magischen Ausdruck eingebüßt haben: die Ursymbole des Menschen, mit deren Hilfe er die ursächlichen Bedingungen des Lebens ausdrücken kann.

Kreis und Kreuz gehören zu den ältesten, häufigsten und am weitesten verbreiteten Symbolen. Das Dreieck ist bei Magiern ein sogenanntes apotroisches (Unheil verhinderndes) Zeichen.

Kreis, Kreuz, Dreieck und Quadrat

Die Verwendung von Kreisen, Kreuzen, Dreiecken und Quadraten als Symbole geht zurück bis in vorsintflutliche Zeiten. Mag es eine unglaubliche Fähigkeit des damaligen Menschen zur Vereinfachung und zur Gesamtschau allen Lebens gewesen sein oder das Ergebnis einer hochentwickelten, aber untergegangenen Kultur, von der wir heute kaum noch Zeugnis, sondern nur Legenden haben, mag es – aus psychologischer Sicht – aus der frühkindlichen Entwicklungsphase der Menschheit stammen: Kreis, Kreuz, Dreieck und das Quadrat sind die ältesten und zugleich modernsten Symbole, die der

Mensch hervorgebracht hat. In sie lassen sich beinahe alle Bedingungen des menschlichen Lebens hineinlegen:

● der Kreislauf des Lebens, das Rund der lebenserhaltenden Sonne und des geheimnisvollen Nachtgestirns, des Mondes;

● das Kreuz der horizontalen und der vertikalen, der materiellen und der spirituellen Welt, das Kreuz jeder Entscheidung im Leben;

● das Dreieck der Dreifaltigkeit, die sich in allen Religionen findet, der Gegensatz der guten und schlechten Kräfte, die sich zu einer dritten Kraft versöhnen;

● das Quadrat als der Grundriss des Hauses und der Weltordnung schlechthin, das Quadrat der vier Jahreszeiten, der vier Himmelsrichtungen, der vier Elemente.

Diese Grundsymbole sind auf den meisten Amuletten und Talismanen zu finden, entweder in ursprünglicher Form oder in Verbindung mit anderen Symbolen und Schriftzeichen.

Das Quadrat gehört zu den am häufigsten verwendeten symbolischen Zeichen. Quadrate besaßen einst als Sinnbild der Harmonie magische Bedeutung. Die Sator-Arepo-Formel (siehe Seite 36) beispielsweise ist eine aus frühchristlicher Zeit überlieferte Zauberformel in Gestalt eines magischen Quadrats.

Tier- und Menschengestalten

Neben den Ursymbolen waren in alter Zeit Darstellungen von geheiligten Tieren und Menschen in Tiergestalt oder mit Tierköpfen die häufigsten Symbole, die auf Talismanen und Amuletten zu magischen Zwecken verwendet wurden.

Aneignung besonderer Eigenschaften

Durch besondere Eigenschaften, zum Beispiel des Skarabäus, der kleine Erdkugeln als Nest für seine Eier drehte, durch ihre Stärke und Gefährlichkeit, die sich der Mensch aneignen wollte, durch ihre Fruchtbarkeit oder ihren lebenserhaltenden Nutzen für den Menschen, dessen Beständigkeit er sich sichern wollte, wurden bestimmte Tiere vom Menschen geheiligt. Je nach Kulturkreis waren dies zum Beispiel die Schlange, der Bär, der Wolf, der Falke, der Adler oder die Kuh. Der Heiligungsstatus konnte soweit gehen, dass diese

Tiere zu verkörperten Göttern wurden, und wer sich eine entsprechende Tiermaske aufsetzte oder Teile eines solchen Tieres an sich trug, wurde selbst zum Gott. Zumindest hatte er die Kraft oder Eigenschaft dieses Tieres in sich aufgenommen und sich mit ihr verbunden, so dass er ihrer Wirkung teilhaftig wurde.

Vor allem die alten Ägypter verwendeten häufig Tiersymbole zur Darstellung ihres Götterglaubens. Ihre Hauptgötter wurden meist in Menschengestalt mit einem Tierkopf abgebildet.

Planetenzeichen und -bilder

Tiere repräsentieren häufig sinnbildlich übermächtige göttliche und kosmische Kräfte. Der Falke galt in Ägypten als sonnenhaftes, männliches und himmlisches Symbol. In der Regel wurde der Gott Horus mit einem Falkenkopf dargestellt.

Die Chaldäer und Babylonier waren die ersten, die sich mit Astrologie befassten, wobei damals die Astrologie noch nicht von der Astronomie unterschieden war.

Die Bedeutung für Amulette und Talismane

Bei der Herstellung von Talismanen und Amuletten spielten astrologische Erkenntnisse und Beobachtungen oft eine bedeutsame Rolle: Alle antiken Völker folgten dem Brauch, überirdische Kräfte oder Götter nach Planeten und Sternkonstellationen zu benennen. Jeder Planet besaß bestimmte Eigenschaften, die sich sowohl in der Pflanzen- und Tierwelt ausdrückten als auch im Menschen, in seinem Charakter, seinen Beziehungen, seinem Schicksal. Diese unterschiedlichen Eigenschaften der Planeten wurden oft symbolisch durch Menschenfiguren wie König, Krieger oder Sämann auf Stein, Holz, Pergament oder Metall geritzt.

Es gibt auch Amulette und Talismane, auf denen die Planeten durch geometrische Figuren oder durch Zahlen symbolisch dargestellt sind. Die sieben Planeten der alten Welt waren Jupiter, Mars, Venus, Mond, Merkur, Saturn und die Sonne. In eine Siebenerkonstellation gebracht, symbolisierte eine derartige Figur beispielsweise die universelle Ordnung und das Zusammenspiel aller Kräfte. Wer diese planetarischen Eigenschaften als Amulett oder Talisman bei sich

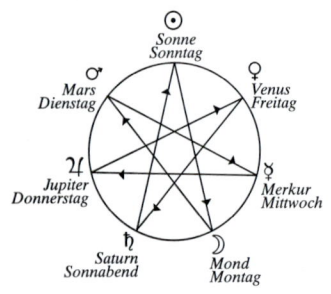

trug, wollte sich der Teilhabe an ihnen versichern. Die bekanntesten Planetenamulette stammen von König Salomon und von den mittelalterlichen Alchemisten, vor allen von Paracelsus (Sonnenamulett, Mondamulett u.a.).

Aus der Astrologie entstand auch die – aus alter Sicht – von den Göttern beseelte Ordnung der Jahreszeiten, der Monate, der Wochen, der Tage und Stunden. Gerade deshalb war die genaue Kenntnis und peinliche Beachtung dieser Ordnung bei der Herstellung und der rituellen Verwendung von Talismanen so wichtig: Spiegelte der Talisman oder das Amulett nicht diese Ordnung, beachteten es die Götter nicht.

Nach der Vorstellung der Assyrer halfen Amulette mit Planetensymbolen, die der Herrscher an einer Halskette trug, dabei, den König mystisch mit den Göttern zu verbinden.

Schriftzeichen und Sinnsprüche

Moses empfing die zehn Gebote in Form einer schriftlichen Mitteilung; Mohammed bekam den Koran von einem Engel diktiert, den dann allerdings andere für ihn niederschrieben. Das Johannes-Evangelium beginnt mit dem Satz: »Im Anfang war das Wort, und das Wort war bei Gott.« Die Silbe OM, wenn sie richtig ausgesprochen wird, soll die Erleuchtung bringen.

Die magische Kraft der Sprache

Die Sprache diente niemals nur dem Zweck der täglichen Kommunikation, sondern besaß schon immer magische Bedeutung. So verwundert es auch nicht, dass Sinnsprüche aus gut behüteten Schriften oder geheimnisvolle Schriftzeichen in Stein, Holz, Rinde oder Metall geritzt wurden, um dadurch eine magische Kraft hervorzurufen. In der Antike und auch im Mittelalter wurden geheime Schriftsysteme entwickelt, die ausschließlich wortmagischen Zwecken dienten. Das waren Sprachen, in denen schon einzelne Buchstaben oder genau ausgeklügelte Reihenfolgen von Buchstaben eine besondere magische Wirkung hervorrufen sollten. Oder es wurden aus Buchstaben geometrische Figuren oder bildliche Darstellungen angefertigt, die jetzt eine mehrfache symbolische Funktion hatten. Die berühmte mittelalterliche Beschwörungsformel ABRACADABRA zählt zum Beispiel hierzu. Sie wurde in der Form einer auf dem Kopf stehenden Pyramide oder in Dreiecksform in elf Zeilen geschrieben, wobei in jeder Zeile jeweils der letzte Buchstabe dieses Wortes weggelassen wurde, bis am Ende nur noch ein A übrigbleibt. Dieses Schriftzeichen in »Schwindeform« wurde oft als Amulett gegen Fieber verwendet:

Das bekannte Beschwörungswort Abracadabra, das bereits aus spätgriechischen Schriften bekannt ist, wurde häufig als Amulettaufschrift benutzt, um nicht nur Fieber, sondern ganz allgemein Krankheiten zum »Schwinden« zu bringen.

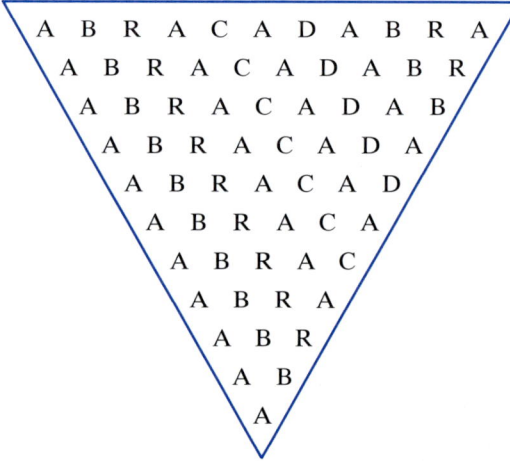

Ein anderes, nicht weniger berühmtes Buchstabensymbol ist die lateinische Sator-Arepo-Formel: SATOR AREPO TENET OPERA ROTAS. Diese Formel wurde in der Form eines magischen Quadrats geschrieben, so dass sie vertikal, horizontal und auch spiegelbildlich in gleicher Weise gelesen werden konnte.

S	A	T	O	R
A	R	E	P	O
T	E	N	E	T
O	P	E	R	A
R	O	T	A	S

Die wörtliche Übersetzung wäre: Sämann (sator) Arepo hält (tenet) mit Mühe (opera) die Räder (rotas). »Sator« bedeutet aber auch »Urheber« oder »Schöpfer«; »opera« heißt auch »Hilfe« und »Unterstützung«, und »rota« kann ebenso mit »Kreis« oder »Wechsel« und »Unbeständigkeit« übersetzt werden.

Eine bekannte Deutung dieser 25 Buchstaben ist die sogenannte Pater-Noster-Lösung, denn sie lassen sich auch in folgender Form schreiben:

Besonders die hebräischen und altgriechischen Buchstaben waren in der Tradition stets auch magisch besetzte Zeichen. So spielt das Alphabet in der mystischen Kabbala eine herausragende Rolle.

```
                  A
                  P
                  A
                  T
                  E
                  R
  A PATERNOSTER Ω
                  O
                  S
                  T
                  E
                  R
                  Ω
```

Durch diese Darstellung sind in der Sator-Formel drei christliche Grundsymbole vereinigt: das Kreuz, das Vater-Unser sowie das Alpha-Omega als Sinnbild der Ewigkeit.

Die Sator-Formel gilt als eines der ältesten und weltweit verbreiteten Buchstabensymbole und wurde erstmals im Pompeji des ersten Jahrhunderts nach Christus entdeckt. Als Amulett getragen oder als Zauberbild an Häusern wurde es vielseitig eingesetzt: gegen Pest, Gift, Darmgicht und Tollwut, zur Heilung kranker Tiere und zum Schutz gegen Feuer.

Meist wurde die hebräische, die griechische oder die arabische Sprache in diesem magischen Sinn benutzt. Auch die Runenschrift der Kelten, das älteste Schriftsystem im nördlichen Europa, ist ein typisches und bekanntes Beispiel für die magische Bedeutung von Schrift und Sprache.

Zahlensymbole

Aus prähistorischen Funden ist bekannt, dass schon vor der Erfindung der Schrift Menschen bestimmte Zahlenwerte auf Knochen oder auf Stein ritzten.

Das Beispiel der Drei

Auffällig war die Darstellung von Dreierfiguren. Auch in späteren Kulturen taucht die Drei immer an bedeutsamer Stelle auf, so dass ihr auf jeden Fall eine magische Kraft zugesprochen werden kann. Nicht nur im Christentum gilt die Dreifaltigkeit der göttlichen Kraft in Vater, Sohn und Heiliger Geist. Bei den Ägyptern waren dies Osiris, Isis und Horus; bei den Indern Brahma, Vishnu und Shiva. Ebenso gab der Begründer des Taoismus, Lao Tse, der Drei die Bedeutung einer alles erschaffenden Kraft: »Das Tao erzeugt die Einheit, die Einheit erzeugt die Zweiheit, die Zweiheit erzeugt die Dreiheit – die Dreiheit erzeugt alle Dinge.« Auch heute begegnet uns in gängigen Redewendungen noch die magische und in aller Regel mit positiver Energie besetzte Drei: Aller guten Dinge sind drei; dreimal darfst du raten.

> In der Form des Pentagramms ist auch die Zahl Fünf ein uraltes magisches Zeichen. Den Pythagoräern galt es als Symbol für Gesundheit und Erkenntnis. Im Mittelalter war das Pentagramm ein oft verwendetes Abwehrzeichen gegen dämonische Mächte.

Das Beispiel der Sieben

Die Zahl Sieben besaß bei vielen Völkern eine herausragende magische Bedeutung. Die babylonischen Astronomen unterschieden sieben Hauptgestirne: Sonne, Mond, Merkur, Mars, Venus, Jupiter und Saturn. Als diese Gestirne entdeckt waren, brauchten die Astronomen nach keinen weiteren mehr zu suchen, denn die ideale Sieben war nun vollständig. Auch in der babylonischen Architektur und Kunst spielte die Sieben eine wichtige Rolle. Die Stufenpyramide besaß sieben Stockwerke, und der siebenstufige Tempel des altbabylonischen Priesterkönigs Gudea von Lagasch wurde »Haus der sieben Teile der Welt« genannt. Auf die Babylonier geht auch die Einteilung der Woche in sieben Tage zurück.

Im Alten Testament wird von den sieben Tagen gesprochen, in denen sich die Sintflut ankündigte. Und nachdem die Regenfälle aufgehört hatten, schickte Noah eine Taube aus, die nach sieben Tagen mit dem Ölzweig im Schnabel zurückkehrte.

In der indisch-buddhistischen Esoterik besitzt der Mensch sieben Hauptenergiezentren (Chakren), die der Reihe nach erweckt werden können, um so den Menschen zur Erleuchtung und Vollkommenheit zu führen.

Der Sieben wird allerdings oft auch eine negative magische Bedeutung zugemessen, je nach dem Zusammenhang, in den sie gestellt wird. In der Bibel wird der Maria Magdalena der siebenfältige Teufel ausgetrieben, und durch Moses' Vermittlung schickt Gott dem Pharao sieben Plagen, bis dieser die Hebräer schließlich ziehen lässt. Im 18. Jahrhundert vor Christus wurde im Kalender des Königs Hammurabi jeder 7., 14., 21. und 28. Tag als Unglückstag bezeichnet. An diesen Tagen unternahmen die damaligen Menschen nichts Wichtiges, denn es hätte durch die magische Wirkung der Sieben fehlschlagen können. Daß auch Gott nach der Anstrengung seiner Weltschöpfung am siebten Tage ruhte, mag auf diese alte negative Vorstellung zurückzuführen sein.

Auch heute ist das »verflixte siebte Jahr« für Ehepaare meist von Konflikten und Spannungen gekennzeichnet, und mag es auch nur durch den überlieferten Glauben an diese Bedeutung so scheinen.

Alle Dinge sind Zahlen

Was sich von der Drei und der Sieben sagen lässt, kann im Grunde von allen anderen Zahlen ebenfalls gesagt werden. Alle Grundzahlen von der Eins bis zur Zehn, aber auch viele höhere Zahlen, zum Beispiel 666 oder 99, haben eine eigene Geschichte.

»Alle Dinge sind Zahlen«, sagte Pythagoras, und Plato fügte hinzu: »Die erste und wichtigste Wissenschaft ist die der Zahl als solcher, wobei das gewöhnliche Rechnen ausgeschlossen ist.« Der Philosoph Plotin lehrte, dass die Zahlen vor den Dingen existieren und durch sie erst geformt würden.

Aus vielen Quellen entwickelte sich eine magische Logik, in der Zahlen geheimnisvolle Bedeutungen haben: Wenn die Zahlen die

Die Deutung der Zahlen, Numerologie ist eine eigene esoterische Kunst, die bereits von den alten Völkern genutzt wurde und heute wieder neu belebt wird. Sie erlaubt es zum Beispiel, aus der Deutung der Geburtszahlen Aussagen über das Schicksal zu treffen.

Dinge hervorbringen, können sie auch Vermittler sein zwischen der irdischen Welt und dem Übersinnlichen. Wer also magische Praktiken mit Zahlen ausführt, kann dadurch die Dinge bewegen und verändern. Nichts liegt deshalb näher, als Amulette und Talismane mit Zahlensymbolen zu versehen, um dadurch fein abgestimmte magische Wirkungen hervorzurufen.

Magische Quadrate

Besonders beliebt, zum Beispiel bei den Arabern oder im Mittelalter, waren magische Quadrate, in denen schachbrettartig Zahlen so angeordnet wurden, dass sie vertikal, horizontal und diagonal addiert stets die gleiche Summe ergaben. Dadurch wurde eine in sich geschlossene Harmonie der Kräfte ausgedrückt. Es läßt sich dabei auch an eine mittels Zahlen gelungene »Quadratur des Kreises« denken, der üblicherweise die Eigenschaften der Harmonie, der Ganzheit und der Geschlossenheit darstellt. Diese Quadrate wurden oft bestimmten Planeten zugeordnet, wobei der Wert der Summe die Eigenschaften des jeweiligen Planeten ausdrückte.

Auf den ersten Blick willkürlich erscheinende Zahlenreihen weisen oft eine geheimnisvolle Symmetrie auf.

Kombinationen von Symbolen

Die jeweilige Anzahl der Felder eines Quadrats ergibt sich, indem die Zahlen Drei bis Neun mit sich selbst multipliziert werden. Auch dies ist ein Hinweis auf die innere Geschlossenheit und Harmonie, die ein magisches Quadrat in Bezug auf eine Planetenenergie ausdrückt. Zahlenwerte und magische Bedeutung, die den sieben Planeten der alten Welt entsprechen, seien im Folgenden kurz genannt:

● Saturn: Diese Tafel ist die kleinste der Planetentafeln. Die Anzahl der Felder ergibt sich aus der Zahl Drei, also neun Felder, in denen die Zahlen Eins bis Neun so angeordnet sind, dass sich stets die Summe 15 ergibt. Dieses Quadrat soll auf dem Siegelring des Salomon eingeprägt gewesen sein. Wer es in der Stunde des Saturn auf Blei graviert und als Talisman verwendet, dem soll es Sicherheit und Macht zuteil werden lassen.

4	9	2
3	5	7
8	1	6

Saturnquadrat

● Jupiter: Die Anzahl der Felder entsteht aus dem Selbstprodukt der Vier, also 16 Felder; die Summe ist stets 34. In der Jupiterstunde in Zinn graviert, soll das Quadrat Gewinn, Reichtum, Frieden und Harmonie bringen.

● Mars: Die Anzahl der Felder entsteht aus dem Selbstprodukt der Fünf. Das Marsquadrat besitzt also 25 Felder; die Summe der Zahlen von 1 bis 25 ist immer 65. In der Marsstunde in Eisen graviert, verleiht dieses Quadrat Tatkraft, Erfolg in Streitfällen und Gesundheit.

● Sonne: Die Anzahl der Felder ergibt sich aus der Sechs, also 36 Felder; die Summe ist 111. In Gold graviert, trägt das Quadrat dazu bei, seinen Träger liebenswürdig und sympathisch zu machen; es gibt ihm Glück und Ruhm in allen Angelegenheiten.

● Venus: Die Anzahl der Felder entsteht aus dem Selbstprodukt der Sieben, also 49 Felder; die Summe der Zahlen von 1 bis 49 ist immer 175. Als Kupferamulett getragen, schenkt es Glück in allen Liebes- und Kunstdingen.

● Merkur: Die Anzahl der Felder beträgt 64, sie entsteht aus dem Selbstprodukt der Acht; die Summe ist 260. Das Quadrat erhöht die eigene sprachliche Ausdruckskraft und fördert die Kommunikation.

● Mond: Die Anzahl der Felder ergibt sich aus der Neun; die Summe ist stets 369. Dieses Quadrat, in Silber geprägt und als Amulett eingesetzt, stärkt die Intuition und hilft im Umgang mit Gefühlen.

Natürlich wurden die einzelnen Elemente der talismanischen Symbolik immer wieder in vielfältigster Weise miteinander kombiniert. So konnte die Wirkung bestimmter Symbole verstärkt, in eine besondere Richtung, auf ein spezielles Problem gelenkt oder auch verallgemeinert werden.

Wurde zum Beispiel das Hexagramm oder der Sechsstern des Salomon, der die Vereinigung aller Gegensätze symbolisiert, mit Sinnsprüchen versehen, die auf die Harmonisierung der Geschlechter zielen, so hat sich daraus ein besonders kräftiger Talisman ergeben. Sein Träger soll dadurch in die Lage versetzt werden, eine außergewöhnlich gute und harmonische Ehe zu führen.

4	14	15	1
9	7	6	12
5	11	10	8
16	2	3	13

Jupiterquadrat

11	24	7	20	3
4	12	25	8	16
17	5	13	21	9
10	18	1	14	22
23	6	19	2	15

Marsquadrat

6	32	3	34	35	1
7	11	27	28	8	30
24	14	16	15	23	19
13	20	22	21	17	18
25	29	10	9	26	12
36	5	33	4	2	31

Sonnenquadrat

Edelmetalle wie Gold wurden schon seit Urzeiten für die Herstellung von Amuletten verwendet.

Das Material von Amuletten und Talismanen

Neben der Symbolik spielt das Material, aus dem ein Talisman oder Amulett gefertigt ist, eine entscheidende Rolle für seine Wirksamkeit. Das Symbol eines Talismans oder Amuletts ist gewissermaßen sein Gesicht, sein magisch gesprochenes Wort; das Material aber vermittelt die Atmosphäre, die denjenigen magisch umgibt, der den Talisman trägt.

Die Bedeutung des Wortes Material

Wer Herkunft und inneren Gehalt des Wortes »Material« einmal näher betrachtet, wird besser nachempfinden können, warum das Material, aus dem ein Amulett oder Talisman hergestellt wird, von so besonderer Bedeutung ist.

Es ist nicht schwer, in dem Wort Material das lateinische Wort mater zu entdecken. »Mater« bedeutet »Mutter«; das Material ist also der »Mutterstoff«, in dem alle Bedeutungen inbegriffen sind, die unsere Mutter für uns besitzt. Die Mutter ist die Gebährende und Ernährende; aus ihrem »Stoff« sind auch wir gebildet; ihr Schutz, ihre Fürsorge, ihre Atmosphäre umfangen uns, solange wir für den Geist noch nicht bereit sind; in ihrem Wirkungs- und Einflussbereich wachsen wir auf.

Die Mater ist im Gegensatz zum Spiritus, zum Geist, erdhaft; ihr Ort ist die Natur und die Erde, so dass von der Erde auch von der »Mutter Erde« gesprochen wird. Wir sprechen eine Muttersprache, die Sprache unserer prägenden frühen Erlebnisse und Erfahrungen, unserer Träume und Ängste. Wir leben aber in einem Vaterland, das durch Bestimmungen, durch geschichtliche Entwicklungen und Verwicklungen entstanden ist. Denn der Vater ist im Himmel; von ihm kommen die Gesetze und Pflichten, die Grenzen und Verantwortungen, die spirituellen Erkenntnisse und Wahrheiten.

Auch in früheren Zeiten legte man auf das Material, das zur Herstellung eines Talismans oder Amuletts verwendet wurde, besonderen Wert. So existieren ausführliche Listen darüber, welche Materialien dafür geeignet waren.

Erst die Verbindung also von Erde und Himmel, von Stoff und Geist, läßt uns zu einem ganzen, erwachsenen Menschen werden. Erst die gelungene Verbindung von Material und Symbol verleiht so auch dem Amulett oder Talisman seine magische Wirksamkeit.

Naturstoffe

Als allgemeine Regel gilt deshalb, dass ein Talisman oder ein Amulett nicht aus chemisch synthetisierten Stoffen bestehen sollte. Plastik oder Gummi zum Beispiel sind für die Herstellung eines Amuletts denkbar ungeeignet. Das Material sollte immer aus der Natur stammen, und umso seltener dieses Material in der Natur vorkommt, desto bedeutsamer wird das aus ihm hergestellte Amulett sein.

● **Die Schwingungsfähigkeit**

Das Material sollte unbedingt schwingungsfähig und aus elementaren lebendigen Prozessen entstanden sein; es sollte die Möglichkeit in sich bergen, eine menschliche Beziehung aufzunehmen und zu erwidern. Das heißt, es sollte aus Stoffen bestehen, die auch der Mensch natürlicherweise an und in sich trägt – metallische, mineralische oder organische Substanzen.

● **Die Gewinnung**

Gleiches gilt für die Gewinnung dieses Materials: Ist es sehr aufwändig, gefährlich oder kostspielig, es aus der Natur zu lösen, erhöht sich entsprechend der magische Wert des Amuletts oder Talismans. Einem Wolf oder einem Bären die Zähne zu entfernen, konnte früher das eigene Leben kosten; die Gewinnung von Metall war mühsam und langwierig; das Ausformen von Amulettscheiben aus Metall oder Stein erforderte großes handwerkliches Geschick.

● **Das Alter**

Auch das Alter des Materials ist wichtig: Stammt es aus der Frühzeit menschlicher Geschichte oder der Erdgeschichte, ist seine magische Kraft gewichtiger und nachhaltiger. Gewaltige Naturkräfte haben es hervorgebracht und geformt; über Jahrtausende oder Jahrhunderte wurde es mit Kräften aufgeladen.

Das Material, aus dem der Talisman hergestellt wird, spielt eine wichtige Rolle. Nur Naturmaterialien – seien es Metalle oder andere Mineralien oder Produkte aus der Tier- und Pflanzenwelt – lassen sich magisch aufladen.

Der praktische Umgang mit Talismanen und Amuletten

Räucherungen erweisen sich als besonders wirksam, wenn man Amulette aufladen möchte.

Anders als bei einem normalen Gegenstand unseres Alltags gilt es, beim praktischen Umgang mit Talismanen und Amuletten einiges zu beachten. In diesem Kapitel erhalten Sie eine Gebrauchsanweisung für Ihren Talisman oder Ihr Amulett. Ein Talisman oder ein Amulett, das nicht in bestimmter Weise »aufbereitet« ist und getragen wird, kann kaum eine magische Wirkung erzielen. Die Aufbereitung beginnt bei seiner Herstellung oder seinem Erwerb und reicht bis zum Tragen in konkreten Situationen des Alltags.

Die Wirkkraft

Die Wirkkraft eines Amuletts oder Talismans beruht auf zwei Komponenten: auf den Faktoren, die das Amulett oder der Talisman selbst in sich trägt, und auf Ihrer eigenen inneren Einstellung, Ihrem Glauben, auf der Beziehung, die Sie zu Ihrem Schutzschild oder Glücksbringer aufbauen.

Synthetisch hergestellte Materialien sind nicht dafür geeignet, Schwingungen aufzunehmen, eine Eigenschaft, die aber für die Wirkkraft des Amuletts oder Talismans sehr wichtig ist.

Eine ganz besonders starke Wirkung hat ein Talisman, den Sie geschenkt bekommen. Denn bei einem Geschenk hat sich bereits jemand Gedanken darüber gemacht, was Ihnen gut tut. Das heißt, die guten Wünsche eines lieben Freundes sind mit in diesem Talisman und verstärken seine Kraft. Auch wenn Sie ein Talisman oder ein spezieller Gegenstand besonders anzieht, zum Beispiel beim Einkaufsbummel – Sie müssen immer um ihn herum schleichen, er geht Ihnen nicht aus dem Kopf – dann ist das ein besonderes Zeichen, dass dieser Talisman zu Ihnen gehören sollte. Greifen Sie zu, auch wenn Ihnen der Sinn im Moment nicht ganz klar ist. Oft stellt sich später heraus, dass Sie intuitiv genau zu dem Symbol gegriffen haben, das Ihnen in diesem Moment weiterhelfen kann.

Die eigene Wirkkraft des Amuletts oder Talismans

Die geeignete Beschaffenheit des Materials und die besondere Art der Symbolik, die das Amulett oder der Talisman trägt, sind zunächst die Grundbedingungen für sein Wirken.

Das Material muß, wie gesagt, resonanzfähig sein. Das heißt, es muss bestimmte Schwingungen aufnehmen, speichern und wieder abgeben können. Diese Eigenschaft besitzen nur Naturmaterialien.

Die Art der Symbolik entscheidet darüber, an welches unsichtbare Energiefeld das Amulett oder der Talisman angeschlossen ist. Ein Symbol beispielsweise, das schon seit Tausenden von Jahren »im Einsatz« ist, trägt nicht nur eine bestimmte Bedeutung in sich – etwa die Vereinigung von Himmel und Erde, die lebenserhaltende Kraft der Sonne oder das Heilende und Schützende aller Liebe. In diesem Symbol sind auch all die Gedanken, Wünsche, Gefühle und Erfahrungen der unzähligen Menschen enthalten, die sich seit Anbeginn mit diesem Symbol beschäftigt haben. Ein altes Symbol ist wie geistiges Urgestein der Menschheit, an dessen Kraft jeder teilhaben kann, der sich ihm öffnet. Das Besondere aber ist, dass diese Kraft unabhängig von jedem Einzelnen besteht. Und doch kann jeder sie immer wieder neu hervorbringen.

Der Kreis ist in der Magie ein uraltes Symbol für den Schutz gegen böse Geister und Dämonen. Man sprach den kreisförmigen Amuletten diese schützende Funktion zu. Noch heute haben viele Amulette eine kreisrunde Form.

Der Glaube an die Wirkkraft

Die Wirkkraft, die ein richtig hergestellter Talisman aus sich heraus besitzt, kann sich nur entfalten, wenn Sie ihn zum Leben erwecken. Allein Ihre eigene magische Fähigkeit ist es, die dies vollbringen kann. Sie gleicht Ihrer Stimme, die sich durch das Sprachrohr eines Talismans oder Amuletts ungeahnt verstärken kann. Wünschen Sie sich Glück, Gesundheit und Anerkennung, kann ein entsprechender Talisman Ihre Absicht für unsichtbare Kräfte deutlich hörbar werden lassen – und sie werden darauf antworten.

Ihre eigene innere Einstellung und Ihr fester Glaube an das Wirken höherer Kräfte sind also die zweite Voraussetzung für die Wirksamkeit eines Amuletts oder Talismans. Er kann ein verlässlicher Begleiter in allen Situationen Ihres Lebens werden, zu dem Sie eine tiefe persönliche und unmittelbare Beziehung aufbauen. Sein praktischer Vorteil liegt darin, dass Sie durch ihn ein konkretes Mittel in der Hand haben, mit dessen Hilfe Sie auf geistige Kräfte einwirken können.

Sie sollten sich für »Ihr« Amulett entscheiden und es so oft wie möglich bei sich tragen. Dadurch verstärkt sich seine Wirkung. Bei Kombinationen mehrerer Amulette müssen Sie darauf achten, dass sich die Wirkungen ergänzen.

Noch ein kleiner Hinweis auf das Tragen von Amuletten: Wenn Sie sich für ein oder auch mehrere Amulette entschieden haben, sollten Sie diese auch stets tragen. Es hilft nichts, wenn Sie das Amulett ständig wechseln, immer wieder ein anderes tragen und sich nicht entscheiden können. Ein Amulett sollte ständig getragen werden, damit es mit Ihnen in Verbindung steht und einen Energieaustausch bewirken kann. Wenn Sie mehrere Amulette gleichzeitig tragen wollen, achten Sie darauf, dass die Amulette sich ergänzen und nicht in Ihrer Wirkkraft gegenseitig behindern oder aufheben. Zum Beispiel sollten Sie nicht gleichzeitig einen Talisman für Glück und für Entscheidungsfreudigkeit tragen. Sie können nur das eine oder das andere forcieren. Zu viele Wünsche auf einmal sind auch eher behindernd. Tragen Sie also nicht gleichzeitig einen Talisman für die Liebe, für den Erfolg und für Gesundheit. Tragen Sie erst das eine für mehrere Monate und legen Sie auch Ihren Schwerpunkt in dieser Zeit auf den entsprechenden Wunsch.

Die Herstellung

Ihre Absicht, wozu Sie einen Talisman oder ein Amulett verwenden wollen, entscheidet darüber, wie es hergestellt sein sollte. Da im Grunde alles, was Ihnen dazu geeignet erscheint, für Sie zu einem Talisman oder Amulett werden kann, haben Sie auch bei seiner Herstellung freie Wahl. Wenn es ein besonders edles Schmuckstück, z.B. ein Geschenk für Ihren Partner, sein soll, können Sie auch einen Goldschmied beauftragen. Geben Sie einem Gegenstand in festem Glauben eine talismanische Bedeutung, wird er diese Funktion für Sie auch erfüllen. Denn wie gesagt: Allein in Ihnen und Ihrem Kopf beginnt alle Magie.

Die individuelle Abstimmung

Nach alter magischer Lehre muß ein Talisman oder Amulett genau abgestimmt auf die Individualität seines zukünftigen Trägers hergestellt werden.

Maßgabe für seine Individualität ist das auf diesen Menschen ausgestellte Horoskop. Welche Planeten und -konstellationen beherrschen das Horoskop und sind maßgebend für bestimmte günstige oder ungünstige Einflüsse? Welche Veränderungen sind bei diesem Menschen in nächster oder in fernerer Zukunft zu erwarten? Welchem Temperament ist dieser Mensch zuzuordnen: dem phlegmatischen, sanguinischen, cholerischen oder melancholischen Temperament?

Nach Beantwortung dieser Fragen kann nun entschieden werden, welche Planeteneinflüsse zu verstärken oder abzuschwächen sind – je nachdem, welche Wirkung durch den Talisman oder das Amulett erzielt werden soll. Dies kann bestimmte Konstellationen im Geburtshoroskop, aber auch aktuelle Planetenstellungen betreffen. In einschlägigen Astrologiebüchern können Sie die jeweiligen Eigenschaften der Planeten genauestens nachlesen. Wenn Sie selbst in der Astrologie wenig bewandert sind, können Sie sich auch an einen erfahrenen Astrologen wenden.

Die Zusammenstellung von Material und Symbolik

Der nächste Schritt ist die Auswahl des geeigneten Materials und der Symbolik, die das Amulett oder der Talisman tragen soll. Dies kann eine bildliche Darstellung, ein Edelstein, ein Schriftzeichen, eine Zahlenfigur, ein magisches Quadrat oder eine Kombination daraus sein. Welches Material geeignet, welches Symbol wirkkräftig ist, um einen bestimmten Planeteneinfluss anzuziehen oder abzuwehren, lässt sich aus den alles durchdringenden Entsprechungen bestimmen. Da die Planeten alles Leben auf der Erde beeinflussen, kann nicht nur im Menschen und in seinem Schicksal ein Widerhall dieser Planetenkräfte gefunden werden, sondern auch in Steinen, Pflanzen, Tieren, Farben, Formen und Zahlen, in den Elementen, in Tönen und in Metall. Die Tabelle auf Seite 48 gibt einen Überblick.

Bevor das Material für das persönliche Amulett ausgewählt werden kann, gilt es die eigene Individualität genau zu bestimmen, denn nur ein exakt auf die Person des späteren Trägers abgestimmtes Amulett kann seine ganze Magie entfalten.

Die planetarischen Entsprechungen

Wenn der Talisman oder das Amulett Sonnenenergie anziehen soll, ist Gold als Metall oder Granat als Stein das passende Material.

Planet	Element	Farbe	Note (Musik)	heilige Zahl	Metall	Stein
Sonne	Feuer	goldgelb orange	C	6	Gold	Tigerauge, Diamant, Granat, Bernstein, Topas
Mond	Wasser	weiß graublau	E	9	Silber	Topas, Mondstein, Smaragd, Rubin, Opal, Karneol
Merkur	Luft Erde	azur hellblau	H	8	Queck-silber	Citrin, Chalcedon, Aquamarin, Bergkristall, Bernstein
Venus	Luft Erde	grün	D	7	Kupfer	Turmalin, Rosenquarz, Aquamarin, Rosenkoralle, Smaragd
Mars	Feuer	rot	G	5	Eisen	Rubin, Karneol, Rubin, rotes Tigerauge, roter Jaspis
Jupiter	Feuer	blau violett	F	4	Zinn	Amethyst, Türkis, Beryll, dunkler Saphir, Lapislazuli
Saturn	Erde	schwarz	H	3	Blei	Onyx, schwarze Koralle, Malachit, grüner und schwarzerTurmalin

Das Schmelzen und Gravieren

Nachdem Sie sich das ausgesuchte Material – das Metall, den Edelstein – eine genaue Vorlage der Symbolzeichnung besorgt haben, können Sie darangehen, Ihr Amulett oder Ihren Talisman zu formen und zu bezeichnen.

Wichtig ist, dass Sie sich vor dieser Arbeit einen eigens dafür bestimmten Arbeitsplatz einrichten. An ihm sollten folgende Gegenstände vorhanden sein: zunächst ein einfacher, aber stabiler Tisch mit einem Stuhl davor; eine eiserne oder bronzene Schale, in der Sie Räucherungen durchführen können; Schmelztiegel, um das Metall zu schmelzen; kleine irdene Schalen zum Ablöschen des geschmolzenen Metalls; eine Form oder Fassung, die rund oder oval sein sollte, in die Sie das Metall gießen. Zum Gravieren oder Bezeichnen Ihres Talismans oder Amuletts brauchen Sie einfache Gravierstichel, einen Zirkel, ein Lineal, eine Reißfeder, Pinsel und verschiedene farbige Tuschen.

Vorbereitung des Rituals

Legen Sie sich diese Dinge sorgsam bereit, bevor Sie den ersten Schritt tun und Ihr Ritual der Herstellung Ihres Amuletts ausführen. Sie sollten sich bewusst sein, welchem Zweck Ihr Talisman oder Ihr Amulett dienen soll und dass es diesen am besten erfüllen kann, wenn Sie es in klarer Konzentration und in reiner innere Haltung anfertigen. Und dies beginnt beim ersten Zurechtlegen dessen, was Sie brauchen, gemäß der alten astrologischen Regel: Der Anfang bestimmt das Ende.

In alten Büchern der Magie findet sich hierzu folgende Anleitung: »Arbeite in einem ruhigen, nach Osten gelegenen Raum, in dem du ungestört bleibst. Dieser Raum soll möglichst schmucklos hergerichtet sein, damit deine Gedanken nicht unnötig abgelenkt werden. Sitze mit dem Gesicht nach Osten gewandt, und wenn du aufsiehst, soll dein Blick auf eine selbstgefertigte Zeichnung des Siegels des Salomons fallen, die du dir gegenüber an der Wand befestigen solltest.«

Wenn alle Materialien zur Herstellung des eigenen Amuletts zusammengetragen sind, sollte man sicher stellen, daß man immer konzentriert arbeiten kann.

Stunde	Winterzeit	Sonntag	Montag	Dienstag	Mittwoch
1	0 – 1 Uhr	**Sonne***	**Mond**	**Mars**	**Merkur**
2	1 – 2 Uhr	Venus	Saturn	Sonne	Mond
3	2 – 3 Uhr	Merkur	Jupiter	Venus	Saturn
4	3 – 4 Uhr	Mond	Mars	Merkur	Jupiter
5	4 – 5 Uhr	Saturn	Sonne	Mond	Mars
6	5 – 6 Uhr	Jupiter	Venus	Saturn	Sonne
7	6 – 7 Uhr	Mars	Merkur	Jupiter	Venus
8	7 – 8 Uhr	Sonne	Mond	Mars	Merkur
9	8 – 9 Uhr	Venus	Saturn	Sonne	Mond
10	9 – 10 Uhr	Merkur	Jupiter	Venus	Saturn
11	10 – 11 Uhr	Mond	Mars	Merkur	Jupiter
12	11 – 12 Uhr	Saturn	Sonne	Mond	Mars
13	12 – 13 Uhr	Jupiter	Venus	Saturn	Sonne
14	13 – 14 Uhr	Mars	Merkur	Jupiter	Venus
15	14 – 15 Uhr	Sonne	Mond	Mars	Merkur
16	15 – 16 Uhr	Venus	Saturn	Sonne	Mond
17	16 – 17 Uhr	Merkur	Jupiter	Venus	Saturn
18	17 – 18 Uhr	Mond	Mars	Merkur	Jupiter
19	18 – 19 Uhr	Saturn	Sonne	Mond	Mars
20	19 – 20 Uhr	Jupiter	Venus	Saturn	Sonne
21	20 – 21 Uhr	Mars	Merkur	Jupiter	Venus
22	21 – 22 Uhr	Sonne	Mond	Mars	Merkur
23	22 – 23 Uhr	Venus	Saturn	Sonne	Mond
24	23 – 24 Uhr	Merkur	Jupiter	Venus	Saturn

* Fettgedruckt: die Tagesregenten, d.h. die Planeten, unter deren Einfluss der ganze Tag steht.

Donnerstag	Freitag	Samstag	Stunde	Sommerzeit
Jupiter	Venus	Saturn	1	1 – 2 Uhr
Mars	Merkur	Jupiter	2	2 – 3 Uhr
Sonne	Mond	Mars	3	3 – 4 Uhr
Venus	Saturn	Sonne	4	4 – 5 Uhr
Merkur	Jupiter	Venus	5	5 – 6 Uhr
Mond	Mars	Merkur	6	6 – 7 Uhr
Saturn	Sonne	Mond	7	7 – 8 Uhr
Jupiter	Venus	Saturn	8	8 – 9 Uhr
Mars	Merkur	Jupiter	9	9 – 10 Uhr
Sonne	Mond	Mars	10	10 – 11 Uhr
Venus	Saturn	Sonne	11	11 – 12 Uhr
Merkur	Jupiter	Venus	12	12 – 13 Uhr
Mond	Mars	Merkur	13	13 – 14 Uhr
Saturn	Sonne	Mond	14	14 – 15 Uhr
Jupiter	Venus	Saturn	15	15 – 16 Uhr
Mars	Merkur	Jupiter	16	16 – 17 Uhr
Sonne	Mond	Mars	17	17 – 18 Uhr
Venus	Saturn	Sonne	18	18 – 19 Uhr
Merkur	Jupiter	Venus	19	19 – 20 Uhr
Mond	Mars	Merkur	20	20 – 21 Uhr
Saturn	Sonne	Mond	21	21 – 22 Uhr
Jupiter	Venus	Saturn	22	22 – 23 Uhr
Mars	Merkur	Jupiter	23	23 – 24 Uhr
Sonne	Mond	Mars	24	0 – 1 Uhr

Durch die Umstellung von Winter- auf Sommerzeit verschieben sich die Planetenstunden jeweils um eine Stunde.

Jedes Ding hat seine Zeit

Schon König Salomon wusste: »Ein jegliches hat seine Zeit, und alles Vornehmen unter dem Himmel hat seine Stunde.«

Dies gilt auch für die Herstellung eines Talismans oder Amuletts. Nach astrologischer Lehre wandert jeder Planet vier- oder dreimal in 24 Stunden in seine eigene Planetenstunde. In dieser »Stunde« übt er eine besondere Wirkung aus, die es bei der Herstellung eines Talismans oder Amuletts zu nutzen gilt. Denn zu diesen Zeiten kann eine jeweilige Planetenenergie in das Metall oder ein anderes Material eingeprägt werden.

Nach astrologischer Lehre hat jeder Planet an jedem Tag auch seine ganz bestimmten Planetenstunden, in denen er eine besonders starke Wirkung ausübt. Diese Stunden sind besonders günstig für die Herstellung individuell passender Amulette.

Beginn und Ende einer Planetenstunde können Sie errechnen, indem Sie den Tag von Sonnenaufgang bis Sonnenaufgang in 24 Stunden einteilen. Dabei ist zu unterscheiden zwischen den Planetenstunden des Tages, die von Sonnenaufgang bis Sonnenuntergang reichen, und denen der Nacht, die von Sonnenuntergang bis Sonnenaufgang dauern.

Die Arbeit am Talisman

Für die Arbeit an Ihrem Talisman oder Amulett ist nun Folgendes unbedingt zu beachten:

Je nachdem, welche Planetenkräfte für Ihren Talisman maßgeblich sein sollen, beginnen Sie die Arbeit des Schmelzens und Gravierens nur in der entsprechenden Planetenstunde (siehe Tabelle S. 51f). Beenden Sie diese Arbeit kurz vor Ablauf dieser Stunde. Dies erfordert natürlich Konzentration und Disziplin. Wenn es Ihnen nicht gelingt, Ihren Talisman in dieser Stunde fertigzustellen, beenden Sie die Arbeit in der nächsten gleich günstigen Planetenstunde.

Für die Anfertigung eines Talismans der Mondenergie, beginnen Sie Ihr magisches Werk beispielsweise am Montag in einer Mondstunde. Werden Sie nicht fertig, setzen Sie die Arbeit eine Woche später fort, wieder am Montag in der gleichen Mondstunde. Wichtig ist, daß Ihre Materialien und Ihr Werkzeug während dieser Woche von niemandem (außer Ihnen) berührt oder gar durcheinandergebracht werden.

Wochentage und Tierkreiszeichen

Weiter wäre es hilfreich und würde die planetarische Essenz Ihres Talismans oder Amuletts zusätzlich verstärken, wenn Sie für Ihre Herstellungsarbeit nicht nur die richtige Planetenstunde wählen, sondern außerdem den entsprechenden Planeten- oder Wochentag beachten würden.

Die Einteilung und Benennung der Wochentage, wie sie heute noch üblich ist, geht zurück auf die alten chaldäischen Astrologen. Aufgrund verschiedener Beobachtungen und Berechnungen der Planeten, zum Beispiel ihrer Umlaufgeschwindigkeiten und damit ihrer unterschiedlichen Erdnähe und Erdferne, teilten sie die Woche gemäß den sieben Planeten in sieben Tage. So wird jeder Tag von einem bestimmten Planeten regiert: Sonntag – Sonne, Montag – Mond, Dienstag – Mars, Mittwoch – Merkur, Donnerstag – Jupiter, Freitag – Venus, Samstag – Saturn.

Zusätzlich könnten Sie beachten, an welchen Tagen ein Planet in sein Tierkreiszeichen tritt, oder zu welchen Zeiten ein Planet unter einer günstigen Bestrahlung von anderen Planeten und -konstellationen steht. Dies würde allerdings zu weit führen, zumindest würde es den Rahmen dieses Buches sprengen. So könnte es passieren, dass Sie Ihren Talisman mit astrologischen Bedingungen überladen. Er würde dann zu einem komplizierten Gebilde, das kaum mehr die einfache und klare Kraft hätte, die Sie ihm durch Ihre Konzentration und Ihre Besinnung auf eine bestimmte Planetenkraft zunächst gebenwollen.

Räucherungen

Eine nicht zu unterschätzende Unterstützung bei der Herstellung Ihres Talismans sind Räucherungen. Jedem Planeten sind nicht nur Metalle, Farben oder Zahlen zugeordnet, sondern auch bestimmte Pflanzen, die in getrockneter Form als Räuchermittel eingesetzt werden können.

Zermahlen Sie die Pflanzen, nicht zu viele allerdings, mit einem Mörser in der bereitgestellten Schale und zünden sie an. Ein feiner

Die Räucherung von zermahlenen Pflanzen, die dem gewählten Planeten zugeordnet sind, ist eine zusätzliche Hilfe bei der Herstellung des Amuletts oder Talismans.

Duft wird sich entfalten und Sie in Ihren rituellen Handlungen begleiten und unterstützen.

Folgende Pflanzen entsprechen den einzelnen Planeten.

Sonne: Aloeholz, Myrrhe, Lorbeer, Safran, Rosmarin, rotes Sandelholz

Mond: Gartenmohn, weiße Rosen, Kampfer, Salbei, Kümmel, Bitterklee

Mars: Ginster, Nieswurz, blauer Fingerhut, rote Rosen, Walddistel

Merkur: Schwefel, Fenchel, Thymian, Wacholder

Jupiter: Lavendel, Ambra, Heidekraut, Ölbaum, Krauseminze, Lorbeer, Safran

Venus: Moschus, Sandelholz, Tulpen, Rosen, Eisenkraut, Wermut

Saturn: Alaunwurzel, Nieswurz gemischt mit Myrrhe oder Kampfer

Anfertigen des Talismans

Sie kennen nun alle Voraussetzungen, um mit der Arbeit an Ihrem Talisman zu beginnen.

Für das Herstellen des Amuletts oder Talismans sind sieben Arbeitsgänge erforderlich, die minutiös eingehalten werden sollten, damit die erhofften Wünsche sich auch erfüllen.

Zusammenfassend hier die einzelnen Schritte in Kurzform:

1. Wählen Sie »Ihren« Planeten aus, bestimmen Sie als ihre Arbeitsstunde, in der Sie den Talisman anfertigen wollen, die entsprechende Planetenstunde.

2. Entscheiden Sie sich für eine bestimmte Symbolik, die sowohl dem Zweck Ihres Talismans als auch dem gewählten Planeten entspricht. Die Amulett- und Talismanbeschreibungen ab Seite 58 können Ihnen bei der Auswahl der zu Ihnen passenden Symbolik wertvolle Hilfe bieten.

3. Wählen Sie aus der Tabelle der planetarischen Entsprechungen (siehe Seite 48) das für Ihren Talisman geeignete Material sowie weitere entsprechende »Zutaten« wie einen der dort angebotenen Edelsteine. Das Material muß nicht unbedingt ein Metall sein. Hartholz, Leder oder echtes Pergament können ebenso wirkungsvolle Talismane abgeben.

4. Besorgen Sie sich alles, was Sie brauchen, und legen Sie es an dem für Ihre Arbeit vorgesehenen Platz zurecht.

5. Fertigen Sie auf einem Blatt Papier eine genaue Zeichnung Ihres fertigen Talismans an sowie eine Zeichnung des salomonischen Siegels, die Sie an der Wand gegenüber Ihres Arbeitsplatzes befestigen.

6. In der richtigen Planetenstunde beginnen Sie nun Ihr Ritual:

- Räuchern Sie zunächst mit den passenden Pflanzen.
- Schmelzen Sie das Metall und gießen Sie es in die Form.
- Löschen Sie das Metall ab oder lassen Sie es einfach abkühlen.
- In halberkaltetem Zustand setzen Sie den Edelstein in das Metallplättchen. Sie können auch den Edelstein zuerst in die Form legen und das geschmolzene Metall um ihn gießen. Auf diese Art hält er besser.
- Wenn das Metall gut abgekühlt ist, gravieren Sie nach der Vorlage die Symbolik hinein.
- Verwenden Sie anderes Material, nehmen Sie den Pinsel zur Hand und zeichnen Sie das Symbol in der entsprechenden Planetenfarbe.

7. Wenn der Talisman fertig ist, befestigen Sie ihn an einem Lederband, an einer seidenen Schnur oder an einem Kettchen, um ihn um den Hals zu tragen. Sie können ihn auch in ein Baumwollsäckchen geben und ihn in der Tasche bei sich tragen.

Ihre Gedankenkraft

Bei dieser Arbeit – um Sie noch einmal daran zu erinnern – bleiben Sie immer innerlich gesammelt und konzentriert. Denken Sie an den Zweck, den der Talisman für Sie erfüllen soll. Sie können sich in Ihrer Vorstellung auch Bilder von Glück, Erfolg und Gesundheit ausmalen. Sie können außerdem mit Beschwörungsformeln arbeiten, indem Sie innerlich oder laut und wiederholt aussprechen, was Sie sich wünschen.

Wichtig ist, daß Sie nicht nur Ihre handwerkliche Geschicklichkeit, sondern vor allem Ihre Gedankenkraft nach bestem Vermögen einsetzen, sie stets mit dem Talisman in Verbindung bringen und sie ihm magisch einprägen.

Gedankenbilder von glücklichen Erlebnissen und ständiges inneres Beschwören der persönlichen Wünsche helfen zusätzlich, die Magie des Amuletts oder Talismans zu verstärken. Allerdings darf man dabei niemals die Konzentration verlieren.

Ein guter Rat

Wenn Sie den gesamten Herstellungsprozess einmal in Gedanken durchgehen und Sie sich an bestimmten Stellen unsicher fühlen oder Fragen auftauchen, sollten Sie, bevor Sie mit der Arbeit beginnen, einen Fachmann zu Rate ziehen. In handwerklichen Fragen wird Ihnen ein Goldschmied oder ein Juwelier sicher gerne Auskunft geben; in astrologischen Fragen oder in Fragen der Symbolik können Sie sich an einen Berufsastrologen, eine Hexe oder einen Symbolkundigen wenden.

Selbst in einer Fabrik hergestellte Amulette und Talismane, die gegenüber aus Naturstoffen angefertigten in der Regel geringere magische Kräfte entwickeln, können ein wirkungsvoller Glücksbringer sein, wenn sie mit der ganzen unerschütterlichen Kraft des Glaubens dazu gemacht werden.

Andere Möglichkeiten

Außer der beschriebenen, auf astrologischen Grundlagen beruhenden Möglichkeit, einen Talisman herzustellen, gibt es natürlich noch weitere.

Selbstverständlich können auch fabrikmäßig hergestellte Talismane und Amulette Wirkungen hervorbringen. Dazu bedarf es aber einer intensiven Widmung und einer starken Glaubenskraft Ihrerseits, um einen derartigen Talisman »zum Leben« zu erwecken. Auch zu ihm können Sie eine intensive und nachhaltige persönliche Beziehung aufbauen.

Der Talisman kann mit eigener Energie aufgeladen werden. Auch ein geschenkter, ein gefundener oder in einem Antiquitätengeschäft gekaufter Talisman kann eine große Bedeutung für Sie bekommen, je nachdem welche Umstände und Situationen, welche menschlichen Beziehungen oder persönlichen Gefühle und Empfindungen dabei eine Rolle spielen. Die Frage ist, inwieweit Sie selbst ihn bewusst dazu bestimmen, ein wirkungsvoller Talisman für Sie zu sein!

Tipps für den täglichen Umgang

Ein Talisman verliert seine Kraft, wenn Sie falsch mit ihm umgehen. Die Gefahr, dass ein Talisman seine magische Kraft einbüssen kann, ist durch zahlreiche Geschichten von berühmten und weniger berühmten Talismanbesitzern oder auch durch »Lebensgeschichten« besonderer Talismane belegt.

Er darf beispielsweise nicht von anderen Menschen berührt oder gar getragen werden als von Ihnen. Er sollte deshalb unter keinen Umständen verschenkt werden. Eine Ausnahme kann nur gemacht werden, wenn Sie zu dem Menschen, dem Sie Ihren persönlichen Talisman schenken wollen, eine besonders tiefe, ungewöhnliche Beziehung haben und wissen (und wollen), dass dieser Talisman diesem Menschen ebenso Glück bringen wird wie Ihnen selbst.

Ein Talisman sollte außerdem nicht offen herumgezeigt und den neidischen oder neugierigen Blicken anderer ausgesetzt werden. Ein solches Herumzeigen entzieht ihm Teile seiner magischen Energie. Jedes Amulett und jeder Talisman wird neben seiner Bedeutung aus der Tradition für Sie eine ganz individuelle Bedeutung erhalten. Diese Bedeutung sollte nicht bloßgelegt und unachtsam »verstreut« werden. Seine Kraft muss bei Ihnen gebündelt und gebannt bleiben. Denn er ist für Sie ja ein verborgener Schatz, ein geheimer, intimer Helfer in schwierigen Lebenslagen.

Am besten wird ein Talisman auf der bloßen Haut getragen. So ist die Verbindung zwischen ihm und Ihnen direkt und in jedem Augenblick spürbar.

Reinigung und Wiederaufladen

Hin und wieder sollte ein Talisman durch Reiben und Daraufblasen von unsauberen Kräften gereinigt werden. Sie sollten ihn ab und zu in die Hand nehmen und mit ihm einen stillen Dialog führen. Sie sollten ihn niemals völlig unbeachtet lassen oder ihn gar vergessen. Sie können ihm auch Fragen stellen, was das Beste in einer Situation für Sie ist. Hin und wieder sollten Sie Ihren Talisman im Wasserglas reinigen und mit Mondenergie wieder aufladen.

Im Lauf der Zeit werden Sie selbst am besten wissen, wie Sie mit Ihrem Talisman oder Amulett umgehen. Sie werden spüren, wie Sie ihn am besten einsetzen und seine Kraft nutzen können. Sie werden mit seiner Hilfe Ihre magischen Fähigkeiten stärken und erweitern können und Ihr Gespür entwickeln für das Wirken der unsichtbaren Kräfte, die alles durchdringen.

Dem Wesen eines Talismans entspricht es nicht, offen gezeigt zu werden. Seine Kräfte bleiben dann nicht gebündelt, und er ist nicht mehr der so wichtige, versteckte Helfer.

Auswahl bekannter Amulette und Talismane

Schon für die Ureinwohner Australiens besaß die Schildkröte magische Fähigkeiten.

Talismane und Amulette haben vielfältige Wirkungen und können in allen Lebenssituationen nützlich sein – man muss nur den für die jeweils individuellen Verhältnisse richtigen bestimmen. Die nachfolgende Auswahl wird sicher dabei helfen.

Es liegt im Wesen der Magie und so auch im Wesen der einzelnen Amulette und Talismane, dass sie sich auf jeden nur denkbaren Bereich des menschlichen Lebens anwenden lassen. Angefangen mit seinen Grundbedingungen wie Geburt und Sterben, Armut und Reichtum, Gesundheit und Krankheit, Partnerschaft und Einsamkeit bis hin zu den verschiedenen Details einer konkreten Situation wie das Vertreiben zu hohen Fiebers, der Schutz vor Skorpionbissen, das Wiederfinden eines verloren gegangenen Gegenstandes, das Bestehen einer wichtigen Prüfung, das sichere Lenken eines Wagens, das gute Gelingen eines Bauvorhabens oder der erfolgreiche Abschluss einer geschäftlichen Verhandlung – überall können Talismane und Amulette zur Herbeiführung von Glück oder zur Abwendung von Unglück eingesetzt werden.

In diesem Kapitel werden Sie eine Auswahl von Talismanen und Amuletten aus verschiedenen Kulturkreisen und verschiedenen Epochen kennen lernen. So weit es bekannt und überliefert ist, werden zunächst kurz ihre Wirkung und ihre Symbolik erklärt. Anschließend wird ihre Geschichte vorgestellt. Bei manchen alten Amuletten und Talismanen wie dem altägyptischen Skarabäus lässt sich der Werdegang bis zu seinem Entstehen relativ gut zurückverfolgen, bei anderen kann die Entstehungszeit wegen der fehlenden Überlieferungen kaum festgelegt werden.

Die Auswahl folgt dabei dem Grundsatz, dass die vorgestellten Amulette eine besonders lange Tradition haben und dass sie bei Goldschmieden und im Fachhandel immer wieder nachgefragt werden (die meisten können Sie auch käuflich als Schmuckstücke erwerben, Adressen finden Sie im Anhang). Mit Hilfe dieser Auswahl werden Sie gewiss das für Sie passende Amulett oder einen geeigneten Talisman finden können.

Abraxas

Wirkungsbereich:

Dieses Amulett erstreckt sich in seiner Wirkung auf alle Lebewesen. Es hilft bei der Lösung und Überwindung aller noch so gravierenden Probleme und Schwierigkeiten, aus welchem Bereich sie auch stammen mögen.

Geschichte:

Abraxas ist ein magisches Zauberwort, das sich aus den Anfangsbuchstaben hebräischer Gottesnamen zusammensetzt. In hellenistischen Zaubertexten wurde es als magische Formel gebraucht. Der magische Zahlenwert der sieben Buchstaben dieses Wortes ergibt in der Summe genau die Anzahl der Tage eines Jahres: 365 aus a = 1, b = 2, r = 100, a = 1, x = 60, a = 1, s = 200. Durch die Anzahl der Buchstaben versinnbildlicht das Wort auch die sieben Planeten oder die sieben Entwicklungsstufen des Menschen zur Erleuchtung.

Vor allem von den Gnostikern wurde dieses Zauberwort zu magischen Zwecken benutzt. Die Gnosis (= Erkenntnis Gottes) bezeichnet eine bereits in der Spätantike begründete hebräische mystische Lehre, nach der nur durch konsequente Innenschau Gott erkannt werden sollte. Hilfsmittel dazu war die intellektuelle Versenkung in die mystische Bedeutung von Zahlen, Schriftzeichen, geometrischen Formen und Zauberformeln. Im Mittelalter, hauptsächlich durch die Alchemisten, die sich meist auf die Gnosis beriefen, gelangte diese Lehre und damit auch das Wort Abraxas zu ungeahnter Blüte und Verbreitung.

Abraxas, der Allmächtige, Herr und Sieger über die Zeit, wurde meist durch eine Figur mit dem Kopf eines Hahnes, dem Körper eines Mannes und aus Schlangen gebildeten Beinen dargestellt. Der hahnenköpfige Gott ist zugleich Lichtgestalt und Symbol der Zeugung. In den Händen hält er oft eine Peitsche und ein Schild, das einerseits Zeichen seiner Macht ist, aber auch dazu dienen soll, böse Geister zu vertreiben.

Die gnostische Gottheit Abraxas galt als Schutzgott aller Lebewesen, Gott des Lichts und der Zeit.

Agrippa Pentagramm

Das von Heinrich Cornelius Agrippa von Nettesheim entworfene Pentagramm ist das Symbol der Magier.

Wirkungsbereich:

Dieses Symbol stellt einen starken Schutz gegen alle Anfeindungen und negativen Kräfte dar. Es hilft, das eigene wahre Selbst zu entdecken und zu innerem Glück und Zufriedenheit zu finden.

Geschichte:

Eine Variation des Pentagramms fertigte Heinrich Cornelius Agrippa von Nettesheim an. Zusammen mit Paracelsus zählt Agrippa zu den bedeutendsten Alchemisten des Mittelalters.

Das Pentagramm des Agrippa zeigt einen nackten Menschen, dessen fünf »Eckpunkte« – Arme, Beine und Kopf – auf die Eckpunkte des Pentagramms verteilt sind. Ob der Dargestellte die Welt umspannen und bemessen will, ob er an das Rad des Lebens gebunden oder wie der heilige Paulus in den Ketten der Liebe und Weisheit Gottes gefesselt ist, mag dahingestellt bleiben. In jedem Fall versinnbildlicht die Verbindung von Pentagramm und Mensch den Mikrokosmos der menschlichen Welt, die nach hermetischer Lehre ein Reflex und ein Abbild des Makrokosmos, des gesamten Universums ist. Den Mikrokosmos der menschlichen Welt zu verstehen, heißt also, den Makrokosmos und die Geheimnisse des Seins zu verstehen.

Aion

Wirkungsbereich:

Dieses Symbol versinnbildlicht alles, was mit der Zeit zu tun hat. Es hilft dabei, der Vergänglichkeit des Lebens ins Auge zu sehen und sie möglicherweise zu überwinden. Es erinnert uns an Geduld, es lässt Verluste leichter ertragen und gibt zugleich die gelassene Gewissheit, dass auch schwierige Zeiten vorübergehen, und dass nach dem Regen regelmäßig auch wieder die Sonne scheint. Ihm lässt sich der Spruch zuordnen: Die Zeit heilt alle Wunden.

Geschichte:

Neben dem Mithras, der Sol Invictus (unbesiegbare Sonne), wurden noch zwei andere Sonnengottheiten aus der altiranischen Religion von den Römern übernommen. Eine von ihnen ist der Aion, auch Sol Aeternus (ewige Sonne) genannt. Er ist, wie der Planet Saturn, mit dem er oft gleichgesetzt wird, der Gott und Wächter der Zeit und zugleich der Ewigkeit. Auch heute noch ist das Wort Äon gebräuchlich, womit ein unendlich langer Zeitraum oder die Ewigkeit bezeichnet wird. Dem Lauf der Sterne folgend, ist der Aion auch Herr über die Sternbilder und Tierkreiszeichen.

Am häufigsten wird der Aion in der Gestalt eines behuften, nackten Jünglings mit Flügeln dargestellt. Dies gibt ihm auch die Bedeutung eines Windgottes, wie ja auch in seinem Namen das lateinische Wort aer (Wind, Hauch, Luft) mitschwingt.

Aion war bei den Griechen und Römern der Wächter über die Zeit und der Herrscher über den Zodiak.

Ankh

Wirkungsbereich:

Der Ankh-Talisman schenkt seinem Träger Energie und Kraft; es bewahrt ihn vor Krankheit und vertreibt die Müdigkeit.

Geschichte:

Die ägyptische Hieroglyphe »ankh« (auch anch geschrieben) bedeutet »Leben«, »ich bin« oder »ich bin lebend«. Dieses Symbol ist auch bekannt als Henkel- oder Schleifenkreuz oder Crux Ansata.

Der Ähnlichkeit dieses ägyptischen Zeichens mit dem christlichen Kreuz ist es wohl zuzuschreiben, dass es bis nach Irland verbreitet wurde. Außerdem übernahmen es die ägyptischen Christen (die Kopten) als Symbol für die lebensspendende Kraft des Kreuzes Christi.

Die Ursprungsbedeutung dieses Zeichens mag zunächst die eines magischen Knotens gewesen sein. In der Verbindung mit der Mythologie bekommt es genauere Eigenschaften: Es symbolisiert nicht nur

Ankh, das ägyptische Schleifenkreuz, symbolisiert die Befruchtung der Erde durch die Sonne sowie das Leben. Häufig in der Hand von Göttern und Königen zu sehen.

61

das Leben, sondern das ewige Leben, den Lebensodem, die Unsterblichkeit, die natürlich wiederum ein Attribut der Götter ist. In kaum einer Darstellung eines ägyptischen Gottes fehlt die Lebensschleife.

Eine weitere Bedeutung des Ankh ist die Versinnbildlichung der Lebenselemente Luft und Wasser: Auf manchen Darstellungen hält ein Gott dem König die Lebensschleife als Odem des Lebens vor die Nase; bei einer kultischen Reinigung ergießt sich über den König ein Wasserstrahl in Form von mehreren Lebensschleifen.

Wohl in Anlehnung an das Blut der Isis sah man in der Lebensschleife auch die Vereinigung von männlichem und weiblichem Prinzip, von Vertikale und Oval.

Atlantenring

Wirkungsbereich:

Die besonderen Kräfte dieses Symbols begünstigen seinen Träger in allen Lebenslagen. Sie stärken sowohl seine körperlichen als auch seine geistigen Energien. Schädliche Einflüsse können abgewehrt und in gute umgewandelt werden. Dieses Symbol wirkt vor allem fördernd in den Bereichen Schutz, Heilung und Intuition.

Der Atlantenring bewahrte den Archäologen Carter vor dem todbringenden »Fluch der Pharaonen«.

Geschichte:

Der Marquis d'Agrain hat den Ring mit diesem Symbol in dem Königstal von Assuam in einem Sarkophag gefunden. Der bekannte Archäologe Carter trug diesen Ring bei der Öffnung des Grabes von Tutanchamun. Er war der einzige der damals anwesenden Archäologen, der nicht innerhalb kürzester Zeit nach der Öffnung des Grabes ums Leben kam. Es heißt, dieser Ring hätte ihn vor dem »Fluch der Pharaonen« bewahrt. Auch als Amulett getragen, sind die Formen dieses Zeichens – die neun Rechtecke und die zwei Dreiecke – bestens dafür geeignet, seinem Träger wirkungsvollen Schutz zu bieten.

Aum oder OM

Wirkungsbereich:

Dieses Symbol erstreckt sich in seiner Wirkung auf das Leben schlechthin. Dieses zu verwandeln und in seiner sinnlichen Wahrnehmung zu überwinden, um den innersten, nicht mehr aussprechbaren und benennbaren Kern zu erreichen, ist Sinn und Wirkung des OM.

Geschichte:

Als würde der Mensch immer wieder der gleichen Versuchung erliegen: So eindringlich ihm auch versichert wird, dass das Unnennbare keinen Namen habe und der Ursprung allen Seins jenseits der Möglichkeiten menschlichen Erfassens liege, er pocht doch stets darauf, eine Lösung des Rätsels, den richtigen Namen für dieses Unnennbare gefunden zu haben.

Die Silbe OM entstammt der Überzeugung, dass Gottes Wesen Schwingung sei, und würde diese Silbe in richtiger Weise und Schwingungsart ausgesprochen, könne der Sprecher die Erleuchtung und das Einswerden mit Gott, die Vereinigung mit dem Absoluten, erfahren.

OM gilt im Hinduismus und Buddhismus als unvergänglich und unerschöpflich und ist sinnbildlicher Ausdruck für den Schöpfergeist.

Im Hinduismus und im Buddhismus wird diese Silbe häufig in Meditationspraktiken eingesetzt. Im Lamaismus findet sie sich besonders in der Formel »Om mani podme hum«. Wer hat nicht schon einmal, zumindest in asiatischen Filmen, den tieftonigen, ununterbrochenen Sprechgesang buddhistischer Mönche gehört, der eindringlich aus den Klöstern dringt? Die Mönche versuchen auf diese Weise dem Wesen Gottes näherzukommen.

In Lautsprache wird die Silbe OM auch AUM geschrieben, wobei den drei Buchstaben verschiedene Bedeutungen zugedacht werden – ein weiteres Beispiel für die herausragende Bedeutung der Zahl Drei: Die erste Bedeutung bezieht sich auf die drei Zustände des Menschen Wachheit (A), Traum (U), Tiefschlaf (M), die zweite auf seine drei Vermögen Handeln, Erkennen, Wollen und die dritte auf die drei Tageszeiten Morgen, Mittag, Abend.

Das Blut der Isis (Tit)

Das Blut der Isis war bereits im altägyptischen Totenbuch ein heiliges und hochverehrtes Symbol.

Wirkungsbereich:

Dieses Amulett unterstützt den Heilungsprozeß bei Krankheiten und lindert bei Frauen Beschwerden während der Menstruations- phase. Es gilt zugleich als eines der mächtigsten Schutzamulette überhaupt.

Geschichte:

Im ägyptischen Totenbuch wird das zugehörige Symbol mit »O Blut der Isis« angesprochen. Eine weitere geläufige Bezeichnung dieses Zeichens ist: Gürtelschnalle oder Gürtelschleife der Königinmutter Isis, da es den Gottheiten auf manchen Abbildungen der Gürtel- schnalle gleicht.

In Darstellungen auf Tempelwänden, Ruhebetten oder Sarko- phagen wird das Blut der Isis immer wieder mit dem Djedpfeiler (prähistorischer Fetisch, Symbol für Dauer und Fruchtbarkeit) in Verbindung gebracht. Das Blut der Isis gelangte kaum über den ägyptischen Raum hinaus.

Die ursprüngliche Bedeutung dieses Zeichens ist heute nahezu un- bekannt. Es wird allerdings vermutet, dass es der Vorläufer des Ankh (Lebensschleife oder Henkelkreuz) ist und aus der Zeit stammt, in der das alte Ägypten noch stark von matriarchalen Vor- stellungen geprägt war.

Das Zeichen versinnbildlicht die weibliche Vulva, und das Blut im Namen dieses Zeichens deutet auf das Menstruationsblut, das als heilig galt und oft rituell verehrt wurde. Im Totenbuch heißt es: »... das Blut der Isis, und die Kraft der Isis, und die Worte der Macht der Isis sollen mächtig genug sein, um dieses großartige und heilige Wesen zu beschützen ...«

Das Blut der Isis kann somit als ein Urzeichen der unvergänglichen, sich ewig erneuernden Kräfte des Lebens, seiner Unversiegbarkeit und immer wieder aufs Neue hervortretenden Fruchtbarkeit ange- sehen werden.

Buddha

Wirkungsbereich:

Das Symbol des Buddha stärkt die Achtung allem Leben gegenüber. Es hilft bei Konflikten, Streitereien oder in kämpferisch-widerspenstigen Situationen, zu Versöhnung und Besänftigung zu finden. Die Meinungen oder die Lebensweise anderer Menschen können mit seiner Unterstützung nicht nur besser toleriert, sondern wahrhaft angenommen und geschätzt werden. Es hilft auch, innere Missstimmigkeiten zu harmonisieren, um so schließlich seinen inneren Kern zu entdecken und zu sich selbst zu finden.

Geschichte:

Nach seiner Erleuchtung im Alter von 36 Jahren hatte Buddha eigentlich alles im Leben erreicht. Er selbst berichtet in einer seiner Reden, dass nach seiner Erweckung der Tod ihn versucht hätte, er sich aber darauf besann, auch andere Menschen zur Erleuchtung zu führen und an seinen Erfahrungen teilhaben zu lassen. Also entwickelte er seine Lehre von den vier Wahrheiten.

Im Unterschied zu anderen Religionsgründern wie Mohammed oder Jesus lehrte Buddha, dass allein Selbsterkenntnis zur Erkenntnis Gottes führen könne. Gottesdienst oder das Glauben an einen von den Menschen getrennten Gott würde dieses Ziel verfehlen.

Die alles umfassende Liebe des Buddha wird durch den Satz von ihm bezeugt, dass er so lange im Einflussbereich der Erde bleiben wolle, bis der letzte Mensch gerettet sei.

Als einmal seine Gegner ihn töten wollten und in einer engen Gasse einen wildgewordenen Elefanten auf ihn hetzten, genügte allein seine gütige Ausstrahlung, um den Elefanten zu besänftigen. Der Name Buddha bezeichnet eigentlich einen religiösen Titel und bedeutet übersetzt »Der Erwachte« oder »Der Erleuchtete«, ein Wesen also, das über alle persönlichen Beschränktheiten und Verhaftungen hinausgewachsen ist. Aus diesem Grund kann allein schon die Abbildung eines Buddha für jeden Menschen hilfreich sein.

Das Symbol des Buddha stärkt die Güte und die Menschenliebe und hilft, jede Form von Auseinandersetzung gewaltlos beizulegen.

Cernunnos

Wirkungsbereich:

Das Symbol fördert die Lebenskraft und erhöht die Fruchtbarkeit. Zudem wirkt es hilfreich bei sexuellen Problemen.

Geschichte:

Der Cernunnos ist eine keltische Gottheit, die auch unter den Namen Cernowain, Karnayna oder Cernenus verehrt wurde. Die Druiden nannten ihn Hu Gadarn. Cernunnos, als der Jäger und der Gehörnte, war Gottheit der Fruchtbarkeit, der Natur, des Waldes, der Tiere, des Wohlstands und der physischen Liebe.

Das Symbol Cernunnos unterstützt und fördert die Männlichkeit.

Chinesisches Langlebigkeitssymbol

Wirkungsbereich:

Das Symbol unterstützt die Gesundheit und Leistungsfähigkeit von Geist und Körper. Es verhilft zu mehr Frische, fördert den Fluss der Körpersäfte und beseitigt energetische Blockaden.

Geschichte:

Hauptanliegen der alten chinesischen Ärzte und Alchemisten, vergleichbar den mittelalterlichen Alchemisten, war, das Elixier des Lebens zu finden, das Unsterblichkeit, zumindest Langlebigkeit und unzerstörbare Gesundheit verleihen konnte. Aus diesem Anliegen entstanden die heute auch bei uns bekannnten Lehren und Methoden zur Gesundheitsförderung wie das Tai Chi, die Akupunktur, um den Fluß des Chi, der Lebenskraft, in den Meridianen anzuregen, die Ernährungsanregungen auf Grundlage der Fünf Elemente und weitere verschiedene Meditationstechniken.

Auch die Chinesen sahen Körper und Geist auf das Engste verbunden. Ist der körperlich-geistige Energiefluss im Ungleichgewicht, kommt es zu Krankheiten und Verwirrtheit.

Das Chinesische Langlebigkeitssymbol hilft Blockaden im körpereigenen Energiefluss aufzuheben.

Der berühmte Kaiser der Chinesen, der legendäre Gelbe Kaiser, verlangte von seinen Ärzten, dass sie seine Gesundheit erhielten. Wurde er dennoch einmal krank, verstieß er seine Ärzte wegen Unfähigkeit und Versagen. Vorbeugung und Erhalt der Gesundheit war das Ziel der chinesischen Medizin, nicht Behandlung und Heilung von Krankheit.

Noch heute ist die Lebenserwartung in China durchschnittlich wesentlich höher als in Europa oder in den USA, was auf der Anwendung derartiger Methoden beruhen mag.

Der Delphin

Wirkungsbereich:

Sie verkörpern Weisheit, Hilfsbereitschaft und sind wie Engel auf Erden. Ein Delphin-Amulett arbeitet ganz eigenständig an der Erfüllung von Wünschen. Es bringt Glück und Frieden, ohne dass man etwas dazu tun müsste. Der Delphin ist der Beschützer aller Hilflosen und Ängstlichen. Er ist immer bereit, anderen die Last abzunehmen und zu helfen, wo er nur kann. Aber Vorsicht, Delphine sind keine Heinzelmännchen: Die Verantwortung für sein Tun trägt man selbst.

Geschichte:

Der Delphin war das Symboltier der griechischen Göttin Demeter, die auch für den Bereich des Meeres zuständig war. In einigen afrikanischen Kulturen werden Delphine mit Menschen gleichgestellt und haben die gleichen Rechte. Oft hört man davon, dass Delphine einen Menschen im Meer gerettet haben, indem sie ihn ans Ufer trugen. Delphine genießen ihr Leben, sind fröhlich und verspielt. Aber andererseits sind sie absolute Familientiere. Sie lernen früh, sich der Gemeinschaft anzupassen und doch eigenständige Individuen zu bleiben. Sie helfen sich untereinander, egal was passiert. Wenn ein Delphin krank wird, hat er ständig andere Delphine um sich, die sich liebevoll um ihn kümmern.

Der Delphin gilt als eines der wenigen Tiere, denen man wirkliche Intelligenz zuspricht.

Ganesh

Wirkungsbereich:

Der Ganesh hilft bei der Überwindung von Schwierigkeiten und Hindernissen und in Zeiten großer Verunsicherung und Verwirrung. Er stärkt die Lebens- und Unternehmungskräfte und unterstützt so jeden Neuanfang.

Geschichte:

Der Ganesh gilt in der hinduistischen Mythologie als Gott der Gelehrsamkeit, der Weisheit und der Verwicklungen des Schicksals, die für den Menschen unüberschaubar sind.

Der Elefant steht im Hinduismus symbolisch für Stärke und Beharrlichkeit, aber auch für Klugheit und ein gutes Gedächtnis.

Er wird stets in Menschengestalt mit einem Elefantenkopf dargestellt, oft auf einer Ratte reitend oder thronend. Die Eigenschaften des Elefanten erklären auch seine symbolische Bedeutung: Berühmt sind sowohl seine Klugheit als auch sein ausgeprägtes Gedächtnis; seine körperliche Kraft und Massivität bestimmen ihn geradezu zu einem Überwinder von Hindernissen.

Der Geistige Circel

Wirkungsbereich:

Dieser Talisman fördert die Intuition, stärkt den Geist, hält negative Energien ab und gibt Schutz in allen Lebenslagen. Er enthält die positive Energie all derjeniger, die am Geistigen Circel teilnehmen.

Geschichte:

Das Symbol des Geistigen Circels, das Hexagramm, ist bereits sehr alt (siehe »Das Siegel des Salomon«). Der Talisman als Ganzes entstand aber erst vor einigen Jahren als Erkennungssymbol-, Schutz- und Kraftspender von Menschen, die sich in Gedanken einmal wöchentlich, Montag abends um 20.00 Uhr, treffen. Durch die telepathische Energie dieses Kreises wird der Geistige Circel immer wieder mit positiven Schwingungen aufgeladen. An diesem Freundeskreis, vor allem an den »Treffen« am Montagabend, kann jeder teilnehmen und versuchen, daraus für sich Kraft und Intuition zu gewinnen. Den Talisman des Geistigen Circels kann man allerdings auch tragen, wenn man nicht an diesem gedanklichen Energieaustausch teilhaben möchte. Er wirkt auch so enorm schutz- und kraftspendend.

Der Geistige Circel ist ein Symbol der Zusammengehörigkeit.

Glückshand

Wirkungsbereich:
Die Glückshand dient seinem Träger dazu, Glück zu bringen und Unheil abzuwehren. Sie bietet auch Schutz in gefährlichen Situationen und verleiht Macht und Kraft.

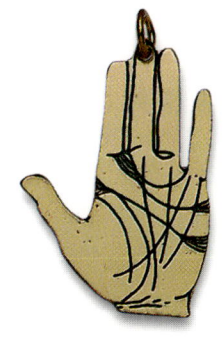

Geschichte:
Schon im alten Babylon galt die Hand mit anliegenden Fingern als Glückssymbol. In Ägypten wurde die Hand als bildhafter Ausdruck des Wunsches getragen, das Glück anzuziehen und es auch, wenn es gekommen ist, festhalten zu können.

Auch im Mittelalter war dieses Glückssymbol weit verbreitet und allerorts beliebt. Oft wurde die Hand durchgehend mit magischen, meist hebräischen Schriftzeichen oder anderen Symbolen versehen. Häufig werden auch die Handlinien herausgestellt, da sich an ihnen ja besonders viel über einen Menschen ablesen lässt. Die verschiedenen Handlinien im Amulett drücken den Charakter und das Schicksal des Menschen aus; die erhobene Hand hat hier einen doppelten Sinn, einerseits dieses Schicksal in seinen guten Aspekten zu begrüßen, in seinen schlechten Aspekten aber abzuwehren.

Überhaupt war die Hand zu allen Zeiten ein besonderer Körperteil des Menschen. Mit ihrer Hilfe kann er seine Geschicklichkeit ausdrücken, seine Fürsorge für andere, seine Gefühle und Stimmungen, bis hin zu der symbolischen Gestik der Hand Gottes.

Die Glückshand war ein weit verbreitetes Symbol, das jeglichen Schaden von seinem Träger fernhalten sollte.

Huitzilpotchtli

Wirkungsbereich:
Dieses Zeichen steht für den Wandel des Lebens, der in den Rhythmus des Universums eingebunden ist. Es hilft also, mit allen Veränderungen des eigenen Lebens besser fertig zu werden und Vertrauen zu gewinnen sowohl in die eigenen Fähigkeiten und Kräfte als auch in die Gesetze des Kosmos.

Geschichte:
Huitzilpotchtli bedeutet »Kolibri des Südens«. Bei den Azteken war er einer der Hauptgötter und wurde als Stammes-, Kriegs- und Sonnengott verehrt. Diese Verehrung ging soweit, dass ihm sogar Menschenopfer dargebracht wurden, um ihn milde zu stimmen und seine Gunst zu gewinnen.

Huitzilpotchtli, der Stammesgott der Azteken, war Herrscher über den Sturm und Beschützer auf Reisen.

Der Kolibri, das Symbol des Huitzilpotchtli, versinnbildlicht den wiederauferstandenen Krieger: Er erhebt sich aus dem Leib seiner Mutter, der Erdgöttin Coatlicue, und kämpft gegen seine Mond-Schwester, bis er sie als Sonne besiegt hat. Der Huitzilpotchtli symbolisiert also die aufgehende, junge Sonne, den Tageshimmel, die Helligkeit, den Sommer und den Süden. Er ist der lichte Gegenspieler des Tezcatlipoca, des Herrn der Nacht und der Dunkelheit.

Inanna

Wirkungsbereich:
In Zeiten innerer Umwandlung, ausgelöst vielleicht durch menschliche oder materielle Verluste, hilft dieses Zeichen, die eigenen Gefühle und inneren Zustände besser zu verstehen und mit ihnen umzugehen. Das Amulett hilft seinem Träger bei der Bewältigung von Krisensituationen. Die Inanna gilt als eine weise Führerin zum Herzen und unterstützt jeden dabei, wieder zu innerer Ausgeglichenheit und Stärke zu finden.

Geschichte:

Bei den Sumerern wurde im dritten Jahrtausend v. Chr. die Inanna in Kulten und Zeremonien als Erdgöttin verehrt, auch als Mutter mit den nährenden Brüsten, als Licht der Welt, als Fluss des Lebens, als Schöpferin des Menschen sowie als Göttin mit großer Macht über Liebende und Städte.

Bei den Babyloniern, die den Sumerern als Beherrscher des Zwischenlandes nachfolgten, wurde ihr diese Verehrung unter dem Namen Ishtar zuteil. In Susa hieß sie Anahita.

Die Erdgöttin spielt in allen Kulturen eine wichtige heilbringende Rolle. Sie steht auch für Fruchtbarkeit und Leben.

Isis

Wirkungsbereich:

Die Isis wirkt machtvoll bei allen magischen Praktiken. Sie hilft, Gefahren abzuwenden, und unterstützt ihren Träger in unklaren, heiklen Situationen. Sie ist, genau wie Venus, auch für die Liebe, die Geburt und die Familie zuständig.

Geschichte:

Die Bedeutung des ägyptischen Wortes »Isis« ist gleichlautend mit den Wörtern für »Thron«, »Sitz« oder, zusammengenommen, für »Thronsitz«. Ihrem Namen nach galt Isis als die Verkörperung des Thronsitzes und damit als symbolische Mutter des Pharaos, als seine Gebährende, ihn Tragende und Stützende. Der Pharao war aber selbst Gott. So wurde Isis die Göttin, aus der alles Werden entstand. (Bekannt ist das ägyptische Bild von Mutter Isis mit dem Kind Horus). Sie war die Älteste der Alten, Schöpferin der Sonne, Königin des Himmels, Muttergöttin und große Zauberin.

Dem Mythos nach soll Isis die Schwester und zugleich die Gattin des toten Osiris gewesen sein. Nachdem sie ihn wieder zum Leben erweckt hatte, empfing sie von ihm den Sohn Horus. Bald darauf wird Osiris von Seth, dem Gemahl von Isis' Schwester Nephtys, ermordet. Osiris wird nun Herrscher im Reich der Toten, Horus ver-

Die ägyptische Göttin Isis bewahrte durch ihre Zauberkunst das Kind Horus, das sie von ihrem Gemahl Osiris empfangen hat, vor allen Gefahren.

sinnbildlicht das Gotttum des jeweiligen Pharaos, Isis ist Herrscherin über alles Leben.

Ägyptischen Ursprungs verbreitete sich die Verehrung der Isis,
die auch als Herrscherin der sicheren Seefahrt und Erfinderin des
Segels angerufen wurde, bald über Griechenland und das gesamte
Römische Reich. Dort wurde sie zur Hauptgöttin, ihr Kult war entsprechend weit verbreitet. Die Christen, obwohl sich im Marienkult
die gleichen Elemente wie im Isiskult wiederfinden, sahen in der Isis
eine gefahrbringende Dämonin und Hexe. Die ursprüngliche Bedeutung des Wortes Pastor ist: »Diener der Isis«.

Keltischer Lebensbaum

Wirkungsbereich:
Dieses Amulett stärkt die Lebenskraft seines Trägers. Es hilft bei
der Lösung geschlechtlicher Konflikte und verleiht Ausgeglichenheit der Gefühle.

Geschichte:
Der Baum ist gleichsam Sinnbild der Mutter Erde, die mit dem Vater
Himmel zu einer Einheit verschmolzen ist. Durch sein Wurzelwerk
hat er sich unlösbar mit der Erdgöttin – mit der Materie, der Frucht-
barkeit, dem Fundament des Lebens – verbunden. Die Krone des
Baumes ragt vielfältig verzweigt in den Himmel, um dort mit dem
Geist – der Welt der Inspiration und der Ideen, der Weisheit und des
Verständnisses, des Lichts und der Klarheit – in Kontakt zu treten.
Krone und Wurzelwerk sind aber voneinander abhängig: Ohne das
nährende Wurzelwerk würde die Krone verdorren und vertrocknen;
ohne die Licht aufnehmende Krone würde das Wurzelwerk im Dunkel der Erde verfaulen; es könnte seine Säfte nicht abgeben.

Auf dem Amulett ist dieser innere Zusammenhang durch ein ver-
schlungenes Ornament, das Baumkrone und Wurzeln umgibt,
äußerlich verdeutlicht: Die Wurzeln gehen in die Äste der Krone

*Eines der am weitesten
verbreiteten Symbole der
keltischen Kultrituale war
der Lebensbaum. Bei allen
wichtigen Zeremonien der
keltischen Magier war er
von großer Bedeutung.*

über und umgekehrt gehen die Äste in das Wurzelwerk über. Beides ist gleichsam austauschbar: Die Materie braucht den Geist; der Geist könnte ohne die Materie nichts bewirken; schließlich verschwimmen die Grenzen und alles wird Geist oder alles wird Materie. Denn auch Materie ist Licht und Geist ist Materie. Die Frau braucht den Mann, um fruchtbar zu sein; der Mann braucht die Frau, um wirken zu können. Die Trennung dieser Pole des Lebens ist aufgehoben. Sie sind zu einer Einheit verschmolzen.

Der Baumkult war im gesamten Wirkungskreis der Kelten verbreitet. Die Druiden, die keltischen Magier und Weisen, hielten ihre Zeremonien, Rituale und Initiationspraktiken in der Regel in Eichenhainen ab. Der Baum bildete den Mittelpunkt ihres magischen Wissens und dessen Praxis.

Keltisches Zeremonienkreuz

Wirkungsbereich:

Vergleichbar dem Yin-Yang-Symbol, dem ägyptischen Ankh oder dem Symbol der fünf Segen verleiht das keltische Zeremonienkreuz seinem Träger Kraft und Energie. Es stärkt sowohl die körperlichen als auch die geistigen Fähigkeiten. Es verhilft zu Gesundheit, Erfolg, Reichtum und langem Leben.

Geschichte:

Dieses Symbol zählt zu den ältesten der Welt. Ähnliche Figuren wurden gefunden, die bereits in die Zeit um 10 000 v. Chr. zurückreichen.

Die Form des keltischen Zeremonienkreuzes erinnert an die Form des Ankh beziehungsweise an das christliche Kreuz. Im christlichen Kreuz fehlt allerdings die Verbindung zu dem Oval oder dem Kreis – als würde hier eine Hälfte der Wahrheit fehlen. In allen Kulturen versinnbildlicht das Runde die Erde, die weibliche Energie, die Einheit oder die Ganzheit. Das Kreuz symbolisiert die männliche Ener-

Neben dem Lebensbaum war das Zeremonienkreuz das zweite keltische Symbol von herausragender Bedeutung für sämtliche Kulthandlungen.

gie – die vier Himmelsrichtungen, die vier Elemente, die vier Jahreszeiten sowie die vier magischen Einweihungsstufen.

Es stellt also die geistige Ordnung der Welt dar, die ohne das versöhnliche Runde, ohne den vereinheitlichenden Kreis allerdings zu einer trennenden Kraft wird.

Auf dem Kreuz sind verschlungene Knoten und Windungen dargestellt, die ein Sinnbild für die von unsichtbarer Hand gewebten Verwicklungen des Schicksals sind. Aber auch das ineinander Verschlungensein von weiblicher und männlicher Energie im sexuellen Akt kann hier gemeint sein, das der Ursprung jeden menschlichen Lebens ist. Bei den Kelten war das mit einem Kreis hinterlegte Kreuz, wie die Frau den schützenden, umsorgenden Hintergrund für die kämpferischen Abenteuer des Mannes bildet, ständiger Begleiter aller Beschwörungen, Rituale und Kulte. Es gab die Gewähr dafür, dass jede magische Handlung, welchen besonderen Zweck sie auch verfolgen mochte, in die Harmonie des Weltgeschehens eingebunden war.

Im alten Iran war der Mithras göttlicher Herr von Männerbünden. Im Römischen Reich erlangte er als mit der Sonne in Verbindung stehender Erlösergott Bedeutung.

Mithras

Wirkungsbereich:

Mithras galt seit jeher als Symbol für alles Gute – für Gerechtigkeit, für die Einheit von Mensch und Natur, für Freundschaft. Mithras beschützt den Menschen vor bösen Mächten und begleitet ihn nach dem Tod auf seiner Reise ins Licht.

Geschichte:

In vielen alten Kulturen wurde Mithras (auch Mithra, Mitras oder Mitra) als Licht- oder Sonnengott verehrt. Ursprünglich stammte der Mithraskult aus altiranischer Religion, die noch den Charakter einer Naturreligion hatte. Im Römischen Reich, vor allem im 2. und 3. Jahrhundert n. Chr., wurde die Verehrung des Mithras zur Staatsreligion. In Mysterienschulen versuchten die Adepten mittels verschiedener Ekstase- und Meditationstechniken und bestimmter Rituale mit Mithras, dem Licht, eins zu werden. Als Geburtsfest des Mithras, der Sol Invictus, der unbesiegbaren Sonne, wurde der 25. Dezember gefeiert. Im Jahr 354 übernahmen die Christen diesen Tag als hohen kirchlichen Festtag und bestimmten ihn als Geburtstag des Christus. Vor dieser Angleichung an heidnisches Erbgut feierten die Christen Weihnachten zur Osterzeit.

Mjölnir

Wirkungsbereich:
Das Amulett gilt als Segen spendend, es harmonisiert die Ehe und verleiht Fruchtbarkeit. Die Lebenskraft wird gestärkt, und feindlich gesonnene Menschen werden durch seine Kraft gelähmt.

Geschichte:
In der germanischen Mythologie bezeichnet »Mjölnir« den »Hammer des Thor«, auch »Donar« genannt. Mit seinem Hammer zermalmt Thor unrettbar seine Feinde, kaum jemand kann sich gegen ihn wehren. Wird er geworfen, kehrt er immer wieder zu seinem Werfer zurück. So versinnbildlicht er auch die unzerstörbare Lebenskraft der Natur. In der Edda, der Göttergeschichte der germanischen Mythologie, wird Thor als der stärkste aller Götter bezeichnet. Sein Hammer wurde von Sindri, dem Zwerg, geschmiedet.

Das Mjölnirsymbol, Zeichen der unerschöpfbaren Lebenskraft der Natur, lähmt die Feinde des Trägers.

Pentagramm

Wirkungsbereich:
Das Pentagramm diente meist als Abwehrzeichen gegen böse Geister und dämonische Mächte oder zu deren Unterwerfung. Damit verhilft es gleichzeitig zu einer besseren Gesundheit, zu Selbsteinsicht und innerer Entwicklung.

Geschichte:

Das Pentagramm wurde im Mittelalter häufig zur Abwehr gegen die so genannten Druden, weibliche Nachtgeister, eingesetzt.

Das Pentagramm ist unter verschiedenen Namen bekannt: Hexenstern oder Hexenkreuz, Drudenfuß, Pentakel, Stern von Bethlehem, Stern der Magier, flammender Stern. Manchmal wird es auch verwendet, um das A und O, das Alpha und Omega des Christus sowie seine fünf heiligen Wunden zu symbolisieren. Die Zigeuner nannten es den Stern der Weisheit und bewiesen seine Bedeutung, indem sie einen Apfel in der Mitte durchschnitten, wodurch das fünfzackige Kerngehäuse zum Vorschein kam. Nach der germanischen Edda leitet sich der Name Drudenfuß von der Tochter des Thor, der Thrud, ab. Thrud bedeutet Kraft und Macht, und sie besaß die Fähigkeit, sich in einen Schwan zu verwandeln, dessen Fußabdruck dem Pentagramm ähnelt.

Das Zeichen des Pentagramms soll der Überlieferung gemäß in einem Zug gezeichnet werden, was an die alchemistische Vorschrift erinnert, dass die Arbeit am »großen Werk« nicht unterbrochen werden dürfe. Die herausragende Bedeutung, die das Pentagramm in der Alchemie besaß, mag darauf beruhen, dass es die Quintessenz oder das zu gewinnende fünfte Element versinnbildlicht.

Die Planetenamulette des Paracelsus

Wirkungsbereich:

Vergleichbar den Pentakeln des Salomon wirken diese Amulette auch jeweils nach den Eigenschaften der Planeten, denen sie zugedacht wurden.

● Sonnenamulett: Förderung von Ruhm, Reichtum, Respekt und Selbstvertrauen; Erlangen der liebevollen Anerkennung anderer Menschen.

● Mondamulett: Schutz gegen alle häufig auftretenden Erkrankungen und Schutz auf Reisen.

● Marsamulett: Schutz vor Verletzungen und Verwundungen; Förderung von Stärke und persönlicher Kraft.

- Merkuramulett: Förderung der geistigen Kräfte, der intellektuellen Lernfähigkeit und des sprachlichen Ausdrucks.
- Venusamulett: Förderung von Kunstsinn und ästhetischer Begabung; Erlangen der Liebe und Zuneigung anderer Menschen; Schutz vor Neid und Eifersucht.
- Jupiteramulett: Förderung von Lebensfülle, Großzügigkeit, Wachstum, Entwicklung; Stärkung unternehmerischer Aktivität.
- Saturn: Stärkung der Disziplin, des Durchhaltevermögens, der Ernsthaftigkeit und der Willenskraft.

Geschichte:

Die Planetenamulette des Paracelsus sind weitgehend der alchemistischen Tradition des Mittelalters verpflichtet. Die Astrologie war damals eine der Hauptsäulen, auf denen die magische Wissenschaft ruhte. Mit Hilfe seiner Planetenamulette wollte Paracelsus die Energie der Planeten »einfangen«, um sie für verschiedene Zwecke praktisch nutzbar zu machen.

Auf der Vorderseite der Amulette ist jeweils die Bedeutung eines Planeten bildhaft abgebildet: die Sonne als hoher Herrscher, auf einem Thron sitzend, zu dessen Füßen ein Löwe ruht; der Mond als Mädchen in wallendem Gewand, das in einer Mondsichel steht; der Mars als Krieger mit Schwert und Schild; der Merkur als leichtfüßiger, am Kopf geflügelter Bote; Jupiter als großzügiger, wohlhabender König; Venus als liebende Mutter ihrer Kinder, die einen Pfeil und Bogen in Händen halten; Saturn als geflügelter und maskierter Sensenmann mit Sanduhr.

Auf der Rückseite jedes Amuletts ist ein magisches Zahlenquadrat eingraviert, das jeweils dem zugehörigen Planeten entspricht. Das Quadrat des Sonnenamuletts zum Beispiel hat insgesamt 36 Felder. Die Zahlen von 1 bis 36 sind so angeordnet, dass sie waagerecht, senkrecht sowie diagonal zu der stets gleichen Summe von 111 addiert werden können (siehe Seite 40f.).

Der Wert der jeweiligen Summen reicht von 369 (Mond) bis 15 (Saturn). Damit folgen die magischen Planetenquadrate der chaldä-

ischen Reihe der Planeten. Entsprechend der Umlaufgeschwindigkeit der Planeten um die Sonne, die in der Mitte zu stehen kommt, ergibt sich, beginnend mit dem Mond als erdnächstem Planeten: Mond (369) – Merkur (260) – Venus (175) – Sonne (111) – Mars (65) – Jupiter (34) – Saturn (15).

Neben den Planetenamuletten gab Paracelsus genaue Anweisungen zur Herstellung von Amuletten, die bei bestimmten Krankheiten helfen sollen. In seinem berühmten Werk »Archidoxis magicae«, aus dem auch die Planetenamulette stammen, stellt er Amulette vor, die zum Beispiel gegen Kopfschmerz und Epilepsie oder gegen Auszehrung und Nierensteine eingesetzt werden können.

Quetzalcoatl war der mystische Herrscher der Tolteken. Die kostbaren Schwanzfedern des Quetzalvogels sind auf der bildlichen Darstellung gut zu sehen.

Quetzalcoatl

Wirkungsbereich:

Das Amulett unterstützt die Ausführung aller kreativen, handwerklichen und wissenschaftlichen Arbeiten. Es fördert die Geschicklichkeit und das Verständnis in diesen Bereichen und hilft, auch schwierige Aufgaben leichter zu bewältigen.

Geschichte:

Das toltekische Wort »Quetzalcoatl« wird mit »gefiederte Schlange« übersetzt und war ursprünglich der Name eines sehr frühen, sagenumwobenen Priesterkönigs der Tolteken. Ihm wurden umfassende okkulte und magische Kenntnisse nachgesagt, die in einem vielschichtigen System der menschlichen Bewusstseinszustände gipfelten. Die Schlange gilt dabei, wie in vielen anderen esoterischen Lehren verbreitet, als wichtiges Symbol für die Lebenskraft des Menschen. In der Regel schläft sie am unteren Ende der Wirbelsäule. Wird sie aber durch richtige Lebensweise und Meditationspraktiken geweckt, schlängelt sie sich die Wirbelsäule hinauf und erweckt den Menschen, verändert ihn von Grund auf und schenkt ihm das ewige Leben.

Von den Azteken wurde die gefiederte Schlange zum Gott erhoben, der Herr des Windes, des Tierkreises, des Handwerks und der Wissenschaft war. Er galt auch als der Schöpfer des ersten Menschen, den er aus dem Mehl des zerriebenen »Edelsteinknochens«, vermischt mit seinem eigenen Blut, formte.

Sai Baba

Wirkungsbereich:
Dieses Zeichen schützt vor Verblendung des Geistes. Es verhilft zu dem Bewusstsein, dass alle Menschen miteinander verbunden sind, und gibt deshalb die Kraft, vorurteilslos Gutes an anderen zu tun. Es verhilft zu mehr Toleranz und Verständnis und Achtung vor dem anderen.

Geschichte:
Sai Baba, heute noch in Indien lebender und wirkender Heiliger, lehrt, dass alle großen Weltreligionen nur verschiedene Ausdrucksformen der einen Liebe, des einen Gottes sind. Im Grunde beschreiben alle Religionen dasselbe Ziel, nämlich die Läuterung des Menschen und das Einswerden oder Aufgehen in einer höheren Form der Existenz. Die spirituelle Essenz, die Einbindung des Menschen in eine höhere geistige Sphäre, bleibt stets gleich.

Das Symbol drückt die innere Verbindung aller Religionen aus und ist daher ein Symbol der Toleranz: Das OM-Zeichen steht für den Hinduismus, das Kreuz für das Christentum, die Mondsichel mit Stern für den Islam, das Heilfeuer für die Religion des Zoroaster und das Rad des Dharma für den Buddhismus.

Dass in all diesen Religionen die gleiche Grundidee und der gleiche Sinn gemeint ist, wird durch die Form des Amuletts dargestellt: Die Lotosblüte gilt seit jeher als Sinnbild der geistigen Vollkommenheit des Menschen. Im Zentrum der Form wird diese Bedeutung durch den Lotoskelch wiederholt.

Das Symbol steht für die innere Verbundenheit aller Menschen, die in ihrer Liebe zu Gott verschiedene Wege gehen.

Merkur

Mars

Sonne

Mond

Die salomonischen Pentakel

Wirkungsbereich:

Die Wirkung dieser Reihe von Amuletten umfasst das gesamte Wirkspektrum der Planeten, die sie symbolisieren. Sie fördern und stärken folgende Eigenschaften und Kräfte.

● Sonne: Energie, Lebensfreude, Selbstbewusstsein, geistige Klarheit, Freundschaft, Fortschritt und Erfolg in allen Lebensbereichen.

● Mars: Abwehrkräfte des Körpers, Gleichgewicht des Organismus, Heilung aller Arten von Krankheiten.

● Jupiter: Schutz vor irdischen Gefahren, Schutz auf Reisen, Großzügigkeit, persönliche Entwicklung.

● Merkur: Intellekt, Lern- und Konzentrationsfähigkeit, Kommunikation und sprachlicher Ausdruck.

● Venus: Sympathie und Anziehungskraft, Liebe und Verliebtheit.

● Mond: Mediale Fähigkeiten, künstlerische Fähigkeiten, Intuition, Zugang zum Unterbewusstsein.

Geschichte:

Diese sechs Planetenamulette des Salomon, auch Pentakel genannt, sind in seinem berühmten Buch »Clavicula Salomonis« beschrieben. Auf jedem der Amulette ist ein heiliger Sinnspruch in hebräischen Schriftzeichen eingraviert, der jeweils der Bedeutung des Amuletts entspricht.

Die Übersetzungen lauten wie folgt.

● Sonne: »Mein Königreich ist ein ewiges Königreich, und meine Herrschaft dauert von Zeitalter zu Zeitalter.«

● Mars: »In ihm war das Leben, und das Leben war das Licht der Menschen.«

● Jupiter: »Als ich unter den Gefangenen am Fluß Chobar stand, öffneten sich die Himmel, und ich sah die Vision von Elohim.«

● Merkur: »Mache das Flüchtige fest, und mögest Du den Nichtswürdigen Beschränkungen auferlegen.« »Weisheit und Tu-

gend sind in seinem Haus, und das Wissen um alle Dinge bleibt ihm
für immer.«
● Venus: »Und Elohim segnete sie und sprach zu ihnen, seid fruchtbar und mehret euch und füllt die Erde und macht sie fruchtbar.«
● Mond: »Denn Er zerbrach die ehernen Türen und sprengte die ei-
sernen Riegel.«

Es ist in jedem Fall sinnvoll, über die einzelnen Sprüche nach-
zudenken, um in ihnen die jeweilige Planetenenergie ausgedrückt
zu finden.

Venus

Jupiter

Die Schildkröte

Wirkungsbereich:
Dieser Talisman symbolisiert Schutz, Geborgenheit und ein langes,
gesundes Leben. Mit einem Schildkrötenpanzer kann einem nichts
mehr passieren. Man ist geborgen wie in Mutters Schoß. Besonders
für Kinder ist dieser Talisman ein wichtiges Geschenk, denn in unserer heutigen Zeit sind sie sehr vielen Gefahren ausgesetzt.

Geschichte:
Die Schildkröte ist wesentlich älter als die Menschheit. Sie gehört zu
den Urtieren dieser Erde, unverwüstlich und ewig. Daher steht sie
stellvertretend für Gesundheit und ein hohes Alter. Schon Höhlen-
malereien bezeugen, dass der Urmensch von diesem Panzertier fasziniert war. Früher stellten sich die Menschen auch vor, der Schildkrötenpanzer sei gleich wie die Erdoberfläche bzw. die Schildkröte
sei geformt wie die Erde. In ihrem Inneren ist die Geborgenheit, und
ihr harter Panzer trägt die Menschen, gibt ihm Schutz und macht ihn
Unverwundbar. Im antiken Griechenland war die Schildkröte das
heilige Tier von Hermes, des schnellen Götterboten. Er fertigte sich
aus einem Schildkrötenpanzer eine Lyra, auf der er magische Melo-
dien spielen konnte.

**Die Schildkröte symbolisiert
vor allem Geborgenheit,
Schutz vor Gefahren und
langes Leben.**

Die Schlange

Wirkungsbereich:

Die Schlange als Amulett fördert die Bereitschaft, durch Lernen zur Erkenntnis zu gelangen. Sie steht für Weisheit und Einsicht. Die Schlange weist den Weg in die Spiritualität. Auch in der Medizin ist die Schlange zum Symbol für Gesundheit durch Erkenntnis (Äskulap-Stab) geworden.

Geschichte:

In allen Mythologien spielt die Schlange eine wichtige und ehrwürdige Rolle. Nur im Christentum hat man aus ihr eine Erscheinungsform des Teufels gemacht. Dabei hat laut Altem Testament die Schlange Eva dazu verführt, vom Baum der Erkenntnis zu essen. Was ist daran schlimm, Erkenntnis zu erlangen? Die Schlange wollte Wissen weitergeben und neue Welten eröffnen, aber da sie die Frau zu ihrer Mittlerin gewählt hatte, konnte es für den Mann nur gefährlich sein. Und so waren die verschiedenen Geschlechter geschaffen.

In den arabischen Sprachen entstanden die Wörter »Schlange«, »Leben«, »Lehre« und »Eva« aus dem gleichen Wortstamm. In Südostasien ist die Schlange schon seit jeher das Maskottchen bei fast allen Kampfsportarten, die versuchen, Erkenntnis mit Wirkung zu verbinden.

Die Schlange gehört ebenfalls zu den Ursymbolen. Sie wird mit Weisheit und Erkenntnis verknüpft und ist im Äskulap-Stab zugleich das Traditionssymbol der Medizin.

Sephiroth Stern

Wirkungsbereich:

Dieser Stern sichert seinem Träger den Beistand und die Unterstützung der Naturgeister, Schutzengel und anderer göttlicher und kosmischer Kräfte. Er hilft dem Eigentümer, mit den kosmischen Energien in Einklang zu leben und sie für sich und seine Vorhaben optimal zu nutzen.

Geschichte:

Mit Sephiroth sind die zehn Unterteilungen des mystischen Baumes aus dem kabbalistischen Buch »Sefer ha-Zohar« gemeint, das erstmalig im Jahr 1289 veröffentlicht wurde, dessen Ursprung aber sehr viel früher liegt.

Das hebräische Wort »Kabbala« bedeutet »Überlieferung« und bezeichnet eine auf alter Mystik beruhende jüdische Geheimlehre, die unter anderem hinter Zahlen und Buchstaben den verborgenen Sinn des Lebens suchte. »Zohar« bedeutet im Hebräischen »Glanz«. Auf die Kabbala geht alle Zahlenmagie und Buchstabenmystik zurück.

In dem Sephiroth Stern steht En Soph, symbolisiert als Kreis in der Mitte, um die sich, wie die Speichen eines Rades um die Nabe, die zehn Sephirah reihen. Jeder dieser Sephirah trägt in hebräischer Sprache einen göttlichen Namen: Krone, Weisheit, höchste Intelligenz, Barmherzigkeit, Gerechtigkeit, Schönheit, Sieg, Pracht, Fundament, Reich.

Wie die Speichen eines Rades umschließt das kabbalistische Sephiroth-Amulett alle zehn göttlichen Namen – von der Weisheit bis zur Barmherzigkeit.

Shakti

Wirkungsbereich:

Die hinduistische Shakti steht für Kraft, Gewandtheit, Stärke, Tapferkeit, aber auch für poetische Kraft, Genius und für die Macht der Liebe. Sie ist ein weiblicher Schutzengel, eine Geistfrau, die allen Liebenden hilft.

Geschichte:

Aus dem Sanskrit übersetzt bedeutet »Shakti« »kosmische Energie« oder »Urkraft«. Im Hinduismus wird die Shakti als die Urmutter verehrt, von der jedes Leben, die Unsterblichkeit und das Bestehen des gesamten Kosmos abhängen.

Vermutlich ist dieses Symbol aus uralten Fruchtbarkeits- und Naturkulten hervorgegangen.

Shakti bedeutet die Urkraft, von der der Kosmos und die Götter abhängig sind. In verschiedenen Religionen kann Shakti über den Gott selbst erhoben werden.

Das Siegel des Salomon

Das Siegel des Salomon symbolisiert den antiken Magier, Geisterbeschwörer und König. Es soll die Überwindung aller Gegensätze wiedergeben.

Wirkungsbereich:

Das Siegel schützt vor jeglichem Fehltritt, vor Unglück und schlechten Einflüssen in jeder Lebenssituation. Es beschwört Reichtum, Gesundheit, Glück und Wohlergehen und Segen herauf für alles, was man vorhat und tut.

Geschichte:

Das Hexagramm findet sich in den Religionen aller Völker und ist damit eines der am weitesten verbreiteten Symbole. Am häufigsten ist es im Judentum, im Christentum und im Islam anzutreffen. Aber auch im indischen Hinduismus oder im Buddhismus Chinas und Japans ist es oft zu finden. Große Bekanntheit und Verbreitung besitzt dieses Symbol heute auch als Davidsstern, als Glaubenssymbol des Judentums und als Emblem des Staates Israel.

König Salomon soll es im übrigen in einen Ring graviert Zeit seines Lebens als Siegel und damit als Symbol seiner Macht stets bei sich getragen haben.

Seiner Form (Sechseck oder Sechsstern aus zwei gekreuzten Dreiecken) entsprechend, wird das Siegel des Salomon auch Hexagramm genannt. Die beiden ineinander verschränkten Dreiecke versinnbildlichen – wie das chinesische Yin-Yang-Zeichen oder das christliche Kreuz – die Durchdringung und Versöhnung der gegensätzlichen Pole des Lebens: Himmel und Erde, Geist und Materie, Gott und Teufel, Licht und Finsternis, Mann und Frau, Zeit und Raum, Seele und Körper, Nacht und Tag, die unsichtbare und die sichtbare Welt.

Eine weitere Deutung des Hexagramms bestärkt seine Urkraft: Es vereint die Wirkung aller sieben persönlichen Planeten der Astrologie. Saturn, Mars, Venus, Jupiter, Mond und Merkur sind auf die sechs Eckpunkte verteilt; die Sonne bildet dabei das Zentrum. Die verbindenden Linien ermöglichen das Zusammenspiel der verschiedenen Planetenkräfte.

Skarabäus

Wirkungsbereich:

Dieser Talisman verleiht seinem Träger Kraft und Lebendigkeit in ausweglos scheinenden Situationen. Er gibt Zuversicht, einen Neu-anfang zu wagen, den Mut und das »gefasste Herz«, Klarheit zu er-ringen in Situationen, die Entscheidungen erfordern. Der Skarabäus stärkt die eigene Schöpferkraft.

Geschichte:

Der Name »Skarabäus« (ägyptisch cheper = der, welcher rollt; wer-den; von selbst entstehen) ist gleichlautend mit dem ägyptischen Wort für »aufgehende Sonne«. Biologisch gesehen, ist der Ska-rabäus schlicht ein Mistkäfer, der die Fähigkeit besitzt, aus Dung oder Mist kleine Kugeln zu drehen (heiliger Pillendreher), in die das Weibchen Eier legt. Am 29. Tag kommen aus der Kugel dann die jungen Käfer zum Vorschein. Die Ägypter glaubten, der heilige Kä-fer würde sich – ohne Eltern – aus einer Mistkugel selbst erzeugen; er würde sich selbst die notwendige Wärme und das Licht geben, um zu neuem Leben zu kommen.

Wie der Käfer Skarabäus seine Mistkugel, so rollt auch Khepera, der Sonnengott, die Sonnenkugel immer wieder neu von Osten nach Westen.

Die Ursprünge des Skarabäus als Talisman reichen nachweislich zurück bis in die Zeit, als in Ägypten die ersten Pyramiden gebaut wurden (etwa 3200 v. Chr.). Skarabäen, aus Gold und Edelsteinen zu Schmuckstücken verarbeitet, wurden in vielen Königsgräbern ge-funden. Ein besonders schönes Armband mit einem Skarabäus aus Lapislazuli fand man im Grab des Tutanchamun.

Von seinem Ursprungsland Ägypten aus verbreitete sich der Ska-rabäus-Talisman über Westasien an der gesamten Küste des Mittel-meeres. Vor allem in Griechenland gelangte er zu hohen Ehren, was durch eine griechische Papyrusrolle, in der die »Zeremonie des Käfers« eingehend erläutert wird, bezeugt ist.

Die Ägypter erhoben den Skarabäus zum heiligen Tier. Er galt als Symbol der Auferstehung und war auf Amuletten weit verbreitet. Auf der Unterseite waren stets geheimnisvolle Botschaften eingeritzt. Im abgebildeten Amulett ist eine dieser Botschaften eingraviert.

Stein aus Susa

Wirkungsbereich:

Dieses Amulett hilft, intuitiv den richtigen Weg zu finden und vertrauensvoll zu gehen. Es unterstützt dabei, ein Gespür für den Fluss der kosmischen Energien und der lebenserhaltenden Kräfte zu entwickeln, um so ein harmonisches und erfülltes Leben zu führen.

Geschichte:

Das Zeichen ist eine Nachbildung einer babylonischen Felstafel, die aus der Zeit etwa um 1100 v. Chr. stammt. Es symbolisiert die enge Verbundenheit der Menschen mit den Göttern, sowie deren Nähe und Verwobenheit mit allen menschlichen und natürlichen Angelegenheiten. Die Götter, die sich in den Erscheinungen der Welt und des Kosmos verkörpert haben, nehmen sichtbar Einfluss auf alle Vorgänge auf der Erde.

Der Stein aus Susa unterstützt seinen Träger dabei, den für ihn besten Lebensweg zu finden und ihn auch zu gehen.

Viele der babylonischen Gottheiten können als Vorläufer der heute geltenden Sternbilder angesehen werden. In der Mitte des Götterkreises ruht die aufgerollte Schlange, das Symbol der unerschöpflichen Lebenskraft und der Ewigkeit.

Symbol der fünf Segen

Wirkungsbereich:

Dieses Bildnis, heißt es, bringt Glück, Gesundheit, Frieden, Reichtum und ein langes Leben. In welcher Situation sich sein Träger auch befinden mag, dieses Symbol erfrischt, lässt einen kühlen Kopf bewahren und stets gute Entscheidungen treffen. In ihm sind alle guten Kräfte versammelt.

Geschichte:

Ursprünglich stammt dieses Zeichen aus Japan und wurde hauptsächlich im Buddhismus angewendet. Die Figur im Zentrum steht nach alter Tradition für Vollbringung und Vollendung, aber auch für Harmonie und »heile Welt«. Ähnlich dem uralten Glücks- und Erfolgssymbol der Swastika, auch »Hakenkreuz« genannt (das leider durch den unseligen Missbrauch, den der Nationalsozialismus mit diesem Symbol getrieben hat, in Misskredit gekommen ist und heute nicht mehr verwendet werden kann), wird diese Figur aus vier Elementen oder Kreisabschnitten gebildet, die durch ein gleichseitiges Kreuz geteilt sind. Die beiden oberen und die beiden unteren Abschnitte werden jeweils durch eine Art Klammer verbunden. Die obere Klammer ist nach oben geöffnet, die untere nach unten. So lässt die Figur an die harmonische Verbindung der niederen, materiellen und der höheren, geistigen Kräfte denken, auch an die Einheit von Wunsch und Erfüllung, von Bedürfnis und Befriedigung, mithin an dem Zustand von Glück.

Fünf Fledermäuse, die für die fünf Elemente der chinesischen Philosophie stehen mögen, umkreisen jeweils in gleichem Abstand die Figur. Die Glück bringende Bedeutung der Fledermäuse mag von ihrer besonderen Fähigkeit herrühren, sich auch im schwärzesten Dunkel sicher zurechtzufinden.

Immerhin lebt jeder Mensch, wenn er sich dessen bewusst wird, in der Regel in einem vergleichbaren Dunkel: Er kennt sich selbst nicht, er kennt die Zukunft nicht, er kennt sein Schicksal nicht. Die Fähigkeit von Fledermäusen, mittels Ultraschall und ihren hochempfindlichen »Antennen« jedes Hindernis im Dunkeln rechtzeitig wahrzunehmen und ihm auszuweichen, wäre für den Menschen von unschätzbarem Wert. Er könnte dann alle bevorstehenden Schicksalsschläge, Misserfolge, Krankheiten und Unglück jeder Art rechtzeitig erkennen, um rechtzeitig erfolgreiche Abwehrmaßnahmen zu ergreifen und sich davor zu bewahren.

Das Symbol der fünf Segen kann hier einiges leisten, was dem Menschen als solchem versagt ist. Als hochempfindliche Antenne kann es seinen Träger vor jedem Unglück warnen, ihn sicher leiten und an dem potentiellen Unglück, der drohenden mißlichen Situation vorbeiführen.

Das Symbol der fünf Segen ist für seinen Träger von unermesslichem Wert. Ist es doch in der Lage, ihn vor allen negativen Begleiterscheinungen des Lebens zu warnen.

Die acht Trigramme

Die acht Trigramme bilden die Grundlage des I Ging. Sie symbolisieren die Dreiheit von Himmel, Erde und Mensch.

Wirkungsbereich:

Das Amulett schützt vor Unglück und negativen Energien. Zugleich verhilft es zu Reichtum und dient dazu, intuitiv die richtigen Entscheidungen zu treffen. Auch als Glückswappen über der Haustür kann es von Nutzen sein.

Geschichte:

Dieses Symbol wird gebildet aus den sogenannten acht Trigrammen, auf denen das Weisheits- und Orakelbuch der Chinesen, das »I Ging«, (wörtlich: »Das Buch der Wandlungen«) beruht. Ein Trigramm setzt sich zusammen aus einer Kombination von drei teils durchgehenden, teils unterbrochenen Linien. Durchgehende Linien versinnbildlichen das Männliche, unterbrochene Linien das Weibliche.

Der Sage nach soll Fu Hi, in chinesischer Frühzeit – etwa um 2850 v. Chr. – der legendäre Herrscher der Welt, durch intensive Beobachtung der Naturerscheinungen, aber auch der eigenen Natur das Gesetz, das alles regiert, gesucht haben. Eines Tages entsprang dem Gelben Fluß eine Kreatur, die zugleich einem Pferd und einem Drachen ähnlich sah. Auf dem Rücken dieser Kreatur entdeckte Fu Hi eine seltsame Musterung, die er sorgfältig abzeichnete. Durch genaues Studium dieser Musterung entdeckte Fu Hi die acht Trigramme und sah in ihnen die Gesetze des Universums gespiegelt. Jedes Trigramm besteht aus drei Linien, die entweder gebrochen (--) oder durchgehend (–) sind. In späterer Zeit wurden diese Trigramme zu den 64 Hexagrammen des I Ging erweitert und verfeinert.

Die Eigenschaften der acht Trigramme

Kien – Die Schöpferkraft: Dieses Trigramm besteht aus drei durchgehenden Yang-Linien. Kien symbolisiert den Himmel, die Energie, die Kraft und die Beharrlichkeit. Es wird dem Vater, dem Mann oder einer Führungspersönlichkeit zugeordnet. Sein Element ist Metall, seine Himmelsrichtung Nordwesten.

Kun – Die Nachgiebigkeit: Dieses Trigramm besteht aus drei unterbrochenen Yin-Linien. Kun symbolisiert die perfekte Ergänzung zu Kien und ist der Mutter und allem Weiblichen zugeordnet. Sein Element ist die Erde, seine Himmelsrichtung ist Südwesten.

Dschen – Die Erregung: In diesem Trigramm stehen zwei unterbrochene Yin-Linien über einer durchgehenden Yang-Linie. Dschen symbolisiert den Donner und den Drachen, der aus den Tiefen gen Himmel aufsteigt. Das Trigramm wird dem ältesten Sohn zugeordnet. Sein Element ist Holz, seine Himmelsrichtung Osten.

Sun – Die Sanftheit: Zwei durchgehende Yang-Linien über einer unterbrochenen Yin-Linie bilden dieses Trigramm. Sun symbolisiert den Wind, das sanfte Wirken, auch Durchdringen. Es wird der ältesten Tochter zugeordnet. Sein Element ist das Holz, seine Himmelsrichtung Südosten.

Dui – Die Heiterkeit: Dieses Trigramm zeigt eine unterbrochene Yin-Linie, die über zwei durchgehenden Yang-Linien angeordnet ist. Dui symbolisiert alles in Verbindung mit Fröhlichkeit. Es ist der jüngsten Tochter zugeordnet. Sein Element ist Metall, seine Himmelsrichtung ist Westen.

Gen – Das Stillhalten: Zwei unterbrochene Yin-Linien und eine darüber angeordnete durchgehende Yang-Linie kennzeichnen dieses Trigramm. Gen symbolisiert das Innehalten, die Stille, auch die Einsamkeit. Es wird dem jüngsten Sohn zugeordnet. Sein Element ist die Erde, seine Himmelsrichtung Nordwesten.

Kan – Die Schwierigkeit: Dieses Trigramm besteht aus einer durchgehenden Yang-Linie, die zwischen zwei durchbrochenen Yin-Linien angeordnet ist. Es symbolisiert die täglichen Mühen und die schwere Arbeit. Es steht für den mittleren Sohn. Sein Element ist Wasser, seine Himmelsrichtung ist Norden.

Li – Die Helligkeit: Dieses Trigramm besteht aus einer unterbrochenen Yin-Linie zwischen zwei durchgehenden Yang-Linien. Li symbolisiert die Sonne, die Helligkeit, auch den Blitz und die Hitze. Es steht für die mittlere Tochter. Sein Element ist das Feuer, seine Himmelsrichtung Süden.

Je zwei Trigramme werden im traditionellen I Ging für die Deutung zusammengefasst. Es gibt hier demnach 64 verschiedene Kombinationen und entsprechende Grundmuster ihrer Deutung.

Tzuba

Wirkungsbereich:

Das Amulett verhilft dazu, seine geistigen und körperlichen Kräfte zu sammeln und in bedrohlichen Situationen innere Ruhe zu bewahren. Es lässt auch Gefahren rechtzeitig voraussehen und ihnen angemessen begegnen.

Geschichte:

Tzuba, der Drache, war eine Verzierung einer Schwertscheide aus der Werkstatt des japanischen Waffenschmieds Masammune.

In der östlichen Vorstellung galt der Drache stets als Symbol für Stärke und Güte. Er war nicht, wie in der christlichen Welt, ein Ungeheuer, das besiegt und getötet werden musste. Im Gegenteil – ihn auf seiner Seite zu haben, bedeutete Kraft, Gesundheit und Beweglichkeit.

Der Legende nach lebt der Drache in den Höhlen unzugänglicher Berge oder in den unergründlichen Tiefen des Meeres. Er offenbart sich als Sturmwolke, wäscht seinen Schweif in der Hitze der siedenden Geysire; seine Schuppen glänzen auf den regenbenetzten Rinden der Kiefern; Gewitterblitze sind seine Klauen, und der Sturmwind ist sein Atem, seine Stimme.

Das Amulett Tzuba hilft seinem Besitzer, in undurchsichtigen und bedrohlichen Situationen das innere Gleichgewicht zu behalten und aufkommenden Gefahren voraussehend entgegenzutreten.

Utchat

Wirkungsbereich:

Das Auge als Amulett gilt als eines der stärksten Schutzschilde gegen alles Böse. Es verleiht Unverwundbarkeit, Kraft und ewige Fruchtbarkeit.

Geschichte:

Das Wort Utchat oder Uzat wird oft gleichgesetzt mit der symbolischen Darstellung des Auges. Meist waren dies schematisierte

Augen von Tieren – Schlange, Falke, Stier. Am bedeutungsvollsten waren die Augen des Gottes Horus.

Dem Mythos nach soll Horus, als er sich für den Mord an seinem Vater Osiris rächen wollte, während seines Kampfes mit Seth das linke Auge verloren haben. Die Augen des Horus stellten Sonne und Mond dar. Der Gott Thoth aber soll dem Horus sein verlorenes Auge wiedergegeben haben. Von den Augen des Horus heißt es: »Wenn er die Augen aufschlägt, füllt er das All mit Licht, wenn er sie aber schließt, entsteht Finsternis.«

Das Auge war eines der wichtigsten Symbole in Ägypten. Mit der Darstellung eines Auges oder eines Augenpaares wurden meist Mumiensärge versehen.

Die Augen besaßen bei den Ägyptern wie auch bei anderen Völkern die Bedeutung, »Fenster zur Seele« zu sein, und umgekehrt können sie natürlich auch das Innere ausdrücken. Wie machtvoll mussten also die Augen eines Gottes sein! Sie waren die Zeichen seiner Herrschaft und Unbesiegbarkeit. Ein Auge in symbolischer Darstellung konnte daher nach dem Glauben der Ägpter jedes Gebäude, jeden Gegenstand, jeden Menschen adeln und ihm Macht verleihen. Zugleich wehrte es alle Zugriffe von niederen Kräften, jedes Unheil und Unglück ab.

Utchat war eines der mächtigsten Amulette in Ägypten. Es steht für die Überwindung des Todes und die Reinkarnation der Verstorbenen.

Yin & Yang

Wirkungsbereich:

Das Yin-Yang-Zeichen stärkt die Lebenskräfte und das geistige Gleichgewicht. Es hilft, in schwierigen Situationen ausgeglichen und offen zu bleiben. Vor allem trägt es dazu bei, sich den Veränderungen des Lebens harmonisch anzupassen und nicht starr an einmal Erreichtem festzuhalten. Wie sich die Weide in einem Sturm zur Erde biegt und dadurch unversehrt bleibt, der starre und »kraftvolle« Baum aber bricht, so verleiht dieses Symbol körperliche und geistige Beweglichkeit und gleichzeitig Beständigkeit.

Yin und Yang sind die beiden kosmischen Kräfte, zwei entgegengesetzte Energien, die die Welt und alles in ihr formen.

YIN-YANG-PRINZIPIEN

YIN	YANG
DAS WEIBLICHE	DAS MÄNNLICHE
DAS DUNKLE	DAS HELLE
DER SCHATTEN	DAS LICHT
DIE RUHE	DIE AKTIVITÄT
DIE INTUITION	DER VERSTAND
DER MOND	DIE SONNE
DIE ERDE	DER HIMMEL
DAS WASSER	DER BERG
DAS INNEN	DAS AUSSEN
DER WINTER	DER SOMMER

Geschichte:

Das Symbol des Yin & Yang ist eines der bekanntesten und beliebtesten, in seiner Bedeutung eines der umfassendsten von allen Symbolen. Oft genug ist dieses Symbol aber auch missverstanden worden.

Es geht zurück auf den Begründer des Taoismus, Lao Tse, der in seinem Buch, dem »Tao Te King«, die Grundlagen seiner Philosophie formulierte. Die ersten Zeilen dieses Buches lauten: »Der Sinn, der sich aussprechen lässt, ist nicht der ewige Sinn. Der Name, der sich nennen lässt, ist nicht der ewige Name. Nichtsein nenne ich den Anfang von Himmel und Erde. Sein nenne ich die Mutter aller Einzelwesen.« Da nun Himmel und Erde sind, entstehen aus ihnen die Dinge zwischen Himmel und Erde. Dies geschieht in einer ununterbrochenen Bewegung sich gegenseitig bedingender Kräfte. Lao Tse schreibt weiter: »Wer da sagt schön, schafft zugleich unschön. Wer da sagt gut, schafft zugleich ungut. Verworren bedingt einfach. Hoch bedingt nieder. Laut bedingt leise. Bedingt bedingt unbedingt. Jetzt bedingt einst.« Dieses gegenseitige Bedingtsein von allem, was existiert, ist die Grundbedeutung des Yin-Yang-Symbols. Es drückt die untrennbare und immer dynamische Verbundenheit allen Lebens aus. In mehr oberflächlicher Weise wird dieses Symbol oft als statischer Ausdruck der Lebensprinzipien verstanden, wobei ein Prinzip auch immer einen Anteil seines Gegenteils in sich trägt: das Weibliche, Dunkle, Negative, Kalte und das Männliche, Helle, Positive, Warme zum Beispiel.

Zauberstab

Wirkungsbereich:
Er vermittelt Klarheit, Verbindung zum höheren Selbst und verkörpert den Mittler zwischen Kosmos und Mensch. Mit einem Zauberstab wird dem Träger Macht und Verantwortung gegeben. Er ist eine Antenne zum Himmel. Wie das Zepter der Könige soll er zu verantwortlichem und gerechtem Handeln führen. Normalerweise wird ein Zauberstab nur von einer Hexe an eine neu initiierte Hexe weitergegeben.

Geschichte:
Zauberstäbe waren immer schon das wichtigste Werkzeug aller Hexen. In früheren Zeiten wurden sie aus Haselnusszweigen hergestellt, da diese die weibliche Weisheit symbolisierten. Der Zauberstab gibt der Hexe Schutz bei ihren Ritualen, verleiht ihr die Macht, mit kosmischen Mächten zu kommunizieren und zeigt ihr den Weg zu höherer Einsicht und Weisheit, die gegebenen Kräfte wirkungsvoll einzusetzen. Auch die Feen in unseren Märchen tragen immer einen Zauberstab mit sich, den sie schwingen, um einen Wunsch in Erfüllung gehen zu lassen. Der Zauberstab ist wie ein Werkzeug anzusehen, das in den richtigen Händen Wunder bewirken kann.

Zauberstäbe waren immer schon das wichtigste Werkzeug aller Hexen und Magier.

93

Impressum

© 1998 W. Ludwig Buchverlag GmbH in der Verlagshaus Goethestraße GmbH & Co. KG, München.
2. Auflage 1999
Alle Rechte vorbehalten. Nachdruck – auch auszugsweise – nur mit Genehmigung des Verlags.

Redaktion:
Michael Kurth,
Herbert Scheubner

Redaktionelle Mitarbeit:
Almut Schenker

Redaktionsleitung:
Dr. Reinhard Pietsch

Bildredaktion:
Sabine Kestler

Produktion:
Manfred Metzger

Umschlag:
Till Eiden

DTP/Satz:
MAC2, München
(Anger/Luttmann)

Druck:
Weber Offset, München

Bindung:
R. Oldenbourg, München

Printed in Germany
Gedruckt auf chlor- und säurearmem Papier

ISBN 3-7789-3614-0

Über die Autorin

Thea ist eine weißmagische moderne Hexe, die ihr uraltes magisches Hexenwissen an Interessierte weitergibt. Sie ist Autorin des nunmehr im dritten Jahr erscheinenden Hexenkalenders (W. Ludwig Buchverlag). In ihren Beratungen spielen Amulette und Talismane eine große Rolle.

Literatur

Budge, E.A.W.: Amulets and superstition, London 1930
Gonzàlez-Whippler, Migene: The complete book of Amulets & Talismans, Llewellyn, 1997
Kithara: Das geheime Wissen einer modernen Hexe, W. Ludwig Buchverlag, München 1997 (4. Auflage)
Laarß, R.H.: Das Buch der Amulette und Talismane, Diederichs Verlag, München 1988
Thea: Hexenkalender, W. Ludwig Buchverlag, München

Hinweis

Das vorliegende Buch ist sorgfältig erarbeitet worden. Dennoch erfolgen alle Angaben ohne Gewähr. Weder die Autorin noch der Verlag können für eventuelle Nachteile oder Schäden, die aus den im Buch gemachten praktischen Hinweisen resultieren, eine Haftung übernehmen.

Bezugsquellen

Fast alle abgebildeten Amulette können in unterschiedlicher Ausfertigung (Bronze, Silber, vergoldet usw.) bezogen werden bei:
Mitras Magic Market · Postfach 10 11 16 · 46211 Bottrop
Fax: 0 20 41/26 27 66
Internet: www.Mitras-Magic-Market.de

Bildnachweis

Wir danken dem Mitras-Magic-Market®-Versand, Bottrop, insbesondere Herrn Krettek für seine Beratung und Unterstützung bei diesem Projekt. Wir danken insbesondere auch für die Abdruckgenehmigung aller Bilder im Kapitel »Auswahl bekannter Amulette und Talismane«. Alle Bilder stammen vom Mitras-Magic-Market®, Bottrop mit Ausnahme von AKG, Berlin: 1, 10 (Erich Lessing), 12; Bilderberg, Hamburg: 20 (Eberhard Grames), 42 (Hans-Jürgen Burkard), 44 (M. Kirchgessner), 58 (Wolfgang Kunz); Sperl Siegfried, München: 67, 68 u., 80, 81 o., 82 o., 93 (2); The Image Bank, München: 6 (T. Willett); Visum, Hamburg: 5 (Michael Wolf); Werner Hama, München: Titelbild (Fond und Einklinker).

Register

€ 12,30 Hg